青少年足球
实战智慧

青少年足球
实战智慧

〔加〕安德鲁·莱瑟姆 著
陈 枭 尤 佳 译

17个　技巧
27个　策略
16个　诀窍
6个　故事

北京科学技术出版社

First published in English by Rockridge Press, a Callisto Media Inc imprint.

著作权合同登记号 图字：01-2019-5200

图书在版编目（CIP）数据

青少年足球实战智慧 / (加) 安德鲁·莱瑟姆著；
陈枭, 尤佳译. -- 北京：北京科学技术出版社, 2020.1

书名原文：Soccer Smarts for Kids

ISBN 978-7-5714-0548-9

Ⅰ. ①青… Ⅱ. ①安… ②陈… ③尤… Ⅲ. ①青少年 – 足球运动 – 运动训练
Ⅳ. ① G843.2

中国版本图书馆 CIP 数据核字 (2019) 第 244794 号

青少年足球实战智慧

作　　者：〔加〕安德鲁·莱瑟姆		译　　者：陈　枭 尤　佳	
策划编辑：曾凡容		责任编辑：曾凡容	
责任校对：贾　荣		责任印制：吕　越	
图文制作：优品地带			
出 版 人：曾庆宇		出版发行：北京科学技术出版社	
社　　址：北京西直门南大街 16 号		邮政编码：100035	
电话传真：0086-10-66135495（总编室）		0086-10-66113227（发行部）	
0086-10-66161952（发行部传真）			
电子信箱：bjkj@bjkjpress.com			
经　　销：新华书店		网　　址：www.bkydw.cn	
开　　本：880mm × 1230mm 1/32		印　　刷：北京宝隆世纪印刷有限公司	
印　　张：5.375		字　　数：78 千字	
印　　次：2020 年 1 月第 1 次印刷		版　　次：2020 年 1 月第 1 版	

ISBN 978-7-5714-0548-9/G · 2958

定价：69.00 元

前 言

你好，爱踢球的青少年！

　　本书只有一个目的，就是给你提供实用的工具，让你成为优秀的足球运动员。

　　当我还是一名小球员的时候，我认为教练是那个可以决定我能走多远的人。长大以后，我意识到作为一名足球运动员，自己才是手握发展金钥匙的人，只是我当时不知道这个金钥匙在哪里。现在，你可以把这本书看作是你的金钥匙和指导手册。

　　每名足球运动员都是一个独立个体。足球是一项团队运动，需要依靠许多运动员个体的共同努力。每名足球运动员都是独一无二的，你找不出任何两名发展速度相同的球员。每名足球运动员都有不同的成长周期，都需要有精湛的技术。

　　要成为一名顶尖的运动员，除了刻苦训练，没有什么秘诀。如果你努力训练并不断提高技术，你就会不断开发自身的潜能。在足球世界里，我们经常说："天才不可怕，可怕的是天才比你更努力。"这意味着，如果你有天赋，并努力发展自己的技能，你就会变得不可战胜。我们经常看到顶级球星进球或成功抢断，但是我们没有看到他们在训练中是多么的努力。

当你和队友或朋友一起练球时，记得要玩得开心。你当然想控球和进球，但更重要的是享受比赛。如果你没有享受到乐趣，就会在某一天停止这项运动，转而从事别的运动项目。观察世界上那些优秀的足球运动员，你会发现他们喜欢和队友在一起踢球，而且玩得很开心。

大多数足球专家认为，足球运动能力由技术能力、战术理解力、体能和心理素质四个方面组成。本书重点介绍了发展这四个方面能力的技巧和策略，以及有利于在比赛中取得优异成绩的诀窍。

在本书中，你将学到一些帮你提高技术能力和战术能力的训练方法，你可以自己练习，也可以与队友一起练习。我们也会向你介绍一些心理技巧，让你成为一名更聪明的球员，一名高效率的球员。书中还包括一些关于目标设定、体能训练、营养补充及准备活动的实用小贴士。此外，你还会"见到"6位足球巨星，他们的故事将激励到你。你甚至可以为父母找到实用信息。他们是你的最大支持者，可以帮助你成为最优秀的球员。

当你针对书中所列的技巧、策略及小诀窍集中精力训练，并以书中重点介绍的超级球星为榜样时，你会发现自己的足球水平有了惊人的提高。随着你的不断进步，你会更加享受比赛。如果你热爱足球并享受它，你的一生都将乐在其中。你甚至有可能参加世界杯！ ⚽

目　录

策 略 ⚽   **53**

入门手册

入门手册

足球有自己的语言。作为一名球员，你需要对比赛使用的术语和短语有一个基本的了解，这样你就会知道你的教练在说什么。记住，教练是帮助你的人。如果你听到一个新词，直接向教练问问它的意思！

位　置

前锋（进攻球员）

前锋的工作就是进球和创造更多的进球机会。如果你不买彩票，你就不能赢得大奖。而在足球比赛中，你每次进球都会赢得大奖。如果你是前锋（你的教练也可能会叫你攻击手），你应该准备好从对方队员的脚下断球，你的主要工作是进球。

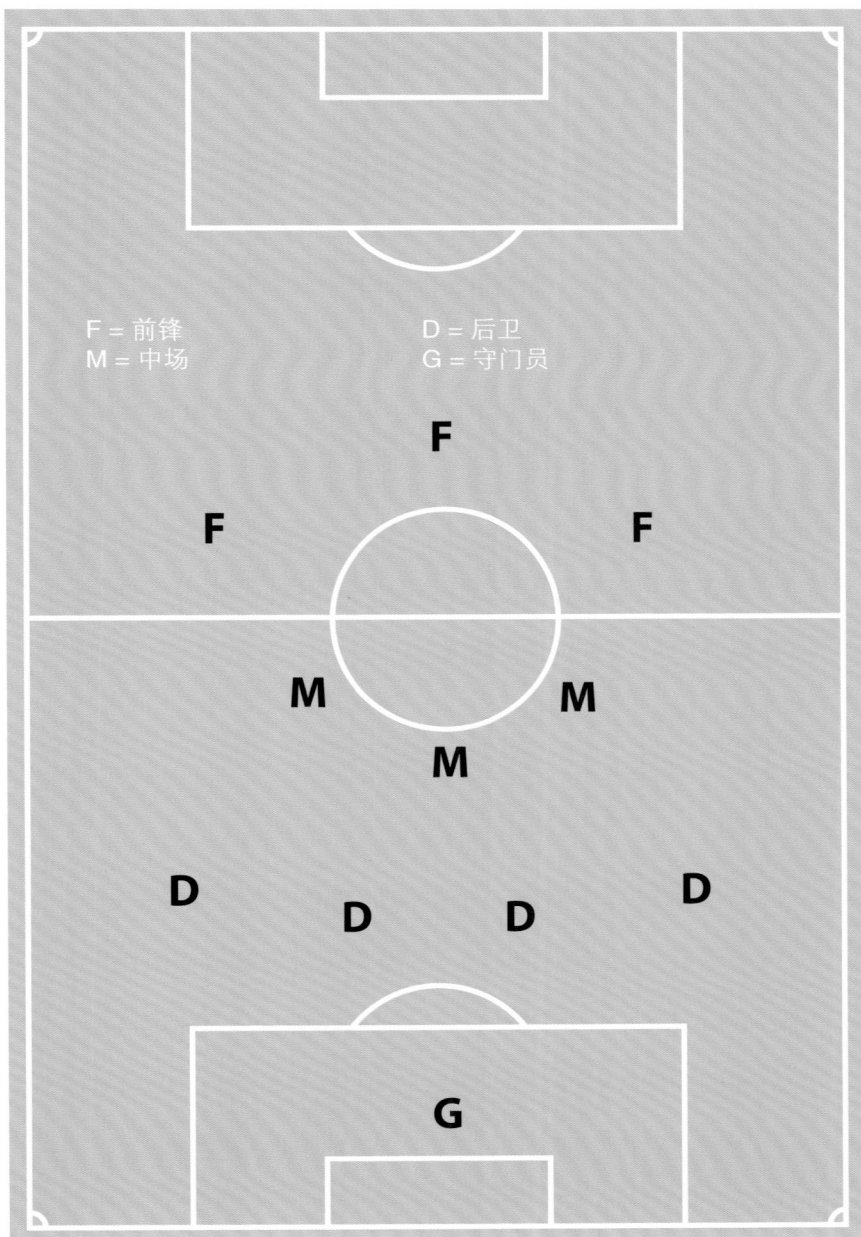

F = 前锋   D = 后卫
M = 中场   G = 守门员

F

F   F

M   M

M

D   D   D   D

G

后卫

后卫最重要的工作就是与守门员配合，确保不失球。不让对方进球最好的办法就是抢断对方的球。如果你是一名后卫，你要有能力向对方的持球队员施压。你还需要同其他后卫协作，不给对手留出空间。

后卫分为中后卫、中前卫、边后卫、翼卫和清道夫。

守门员

守门员最重要的工作是确保球不进入球门。如果你是守门员，与防守队友沟通也是你的职责。当你拿到球的时候，由你发起本队的下一轮进攻。

中场

中场球员扮演着多个不同的角色。如果你是一名中场球员，当本队控球时，你需要通过传接球把前锋与后卫衔接起来。当你的球队处于无球状态时，你应该设法夺回控球权并保护本队球门。作为中场球员，教练或许会把你安排在前腰、中前卫、边前卫或后腰的位置。

足球术语

球前区域：本方控球时，球员在球前或超过球，即球员比球更接近对方球门的区域。

进攻：本方控球向对方球门逼近。

四后卫：本方球队在后防线上的防守队员，通常是4人。

球后区域：本方控球时，球员比球更接近本方球门的区域。

突破：带球快速冲向对方球门。

突破防线：越过想象中由对方防守球员连成的防御线。

控球：球在你的脚下，你可以决定下一步做什么。

线索：你在比赛中看到的预示着接下来要发生的情形。

后场：球员与本方球门之间的区域。

回撤：回到后场，为本方控球队员提供支持。

远门柱：离球最远的门柱，根据传球的位置而变化。

前脚：离对方球门最近的脚。

大力传球：一记球速快、力量大的精准传球。

前压：将本方的活动区域移近对方球门。

轻传：只是为了让球到达目的地。

盯防：防守时，有针对性地看紧对方一名球员。

一脚传球：接球后只触球一次就将球传给队友。

支援：跑到一个合适的位置，给持球的队友提供帮助。

被压迫时：对方球员在你脚下抢球的时候。

场上区域

封闭空间：对方一名球员占据的区域。

深度防守区域：在球后面（靠近本队球门）的位置，允许你支援本方控球队员。

开放空间：没有对方球员的区域。

安全空间：该区域离你最近的防守球员很远。

简单的比赛规则

角球：当你的球队进攻时，对方球员将球踢出他们的底线后，你的球队将获得一个角球。

犯规：裁判认为某名球员不符合公平比赛精神的行为。

任意球：当裁判判定一方犯规后，另一方可以得到一个任意球来重新开始比赛。

进球：球的整体越过两个门柱之间的门线。

球门球：进攻球员将球踢出对方门线，另一方获得的一种特殊的任意球。

越位：一名球员处于越位位置，是指他（她）在对方半

术语

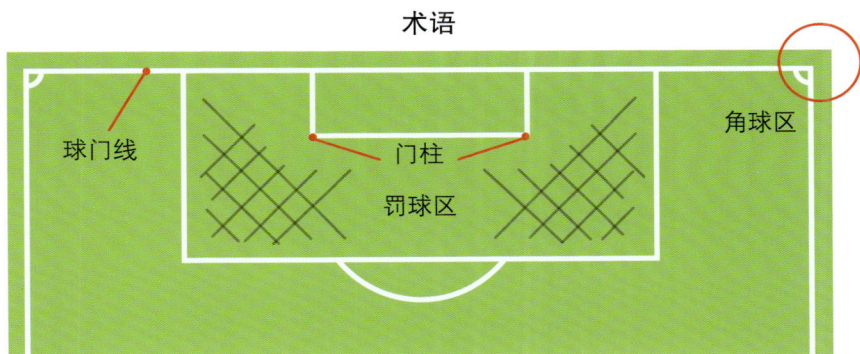

场内比球和对方倒数第二名球员更接近于对方的球门线（绝大多数情况下，倒数第二名球员是指守门员前面的那名球员）。

罚球点球：防守一方在本队罚球区内对进攻方犯规时，进攻方获得的一种特殊任意球。

界外球：当一方将球踢出边线时，另一方在出界点获得界外球，并将球掷回场地以继续比赛。

技战术类型

防守： 通过从对方球员那里夺回球权来保护己方球门。

运控球： 进攻球员快速带球前进使防守队员失去平衡。

传球： 将球踢给本方另一名队员。

带球跑： 在跑动状态下控制球，每三四步触一次球。

射门： 尝试将球踢入对方球门。

技巧

技巧

1

接球

» 传球

提高接球能力有三个关键点。首先，留出空当，准备从队友那里接球。其次，想好用身体的哪个部位接球，并确认在哪里接球是安全的。最后，在接球前，要想好下一步该怎么做。杰出的足球运动员总会做好预判，因而他们接球时不易出现失误。

在你接球前，应跑到队友能看到你的位置，在你和队友之间形成一条清晰的路线，让你的队友有信心给你传球。跑到位置后给队友一个将球传给你的信号，并且准备好接球。

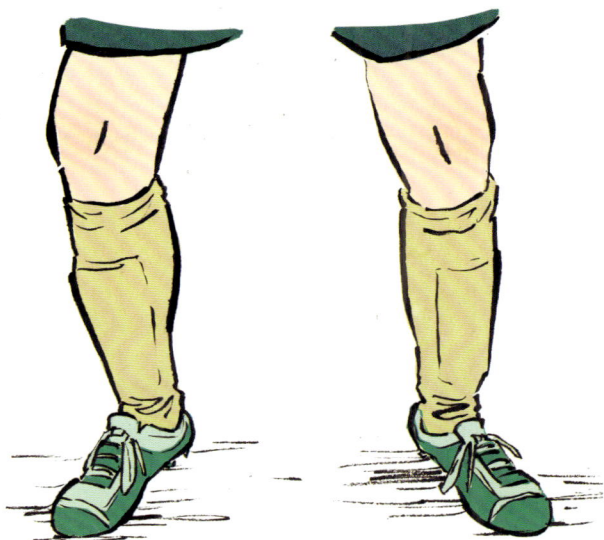

接 球

　　在你准备接球时，左脚脚尖朝向 10 点钟方向，右脚脚尖朝向 2 点钟方向，这样你就可以用任意一只脚接球，在第一脚触球时也会有更多的选择。当球向你飞来时，观察一下周围，寻找你的移动路线。在你触到球时，放松脚踝，将球停到你所能控制的区域内。这一区域位于你将要前进的方向上，并且能避开你的对手。现在你拥有了控球权，你可以按照自己的意图移动了。

　　记住接球的三个关键点，这将有助于你控球。

2

传接球

» 传球

这个技术的重点是在队友传球之前或在球飞向你的过程中调整好身体姿势接球。不要正对给你传球的队友，而要后撤一只脚，使一个肩膀指向球来的方向，另一个肩膀指向相反的方向。教练通常将这种姿势称之为"迎面拿球""侧身拿球"或"半转身拿球"。它叫什么并不重要，最重要的是你要领悟其精髓，明白教练的指示。

如果你已准备好接球，就要有信心使球前进，并用你的前脚控制它。你可以像世界级球员那样，在拿球之前先观察一下周围的情况，这样就可以知道接下来要做什么。如果你不能一直前进，那么你可以把球直接带回身前的安全区域并保持控球。

　　侧身用前脚接球的好处是，你已做好随时带球前进的准备。如果你正对来球的方向接球，你很难让球继续前进。当你在电视上看顶级球员踢比赛时，注意他们用前脚接球的频率。

诀窍

1

尊重比赛

永远尊重队友、裁判和对手，公平竞赛与相互尊重是比赛的重要组成部分。

3

大腿停球和胸部停球

» 控球

来球并不总是地滚球或者高空球。当球的落点在你的两脚和头之间时，你可以用大腿或胸部停球。

优秀的球员用身体的不同部位控球看起来是他们的天性，事实上，他们经常练习这种技能。

在用大腿停球时，触球的部位要正确，否则就很难再次触球。当你用大腿颠球时，用大腿中间部位接球。在比赛中，往往用到膝盖与大腿肌肉起点之间的部位来停球。这个部位可以把球带到你希望它去的地方，并且有利于你在球迅速落地后继续带球前进。

难度等级

在用胸部停球时，下巴上扬，身体打开，双肩向后，使得球与胸部有一个比较大的接触面。在触球时，胸向里收，膝关节微屈，尽快将球卸下。

训练

和同伴一起练习大腿停球和胸部停球吧。让他(她)在约 10 码(9.15 米)外的地方把球踢向你，你用大腿或胸部来停球。在练习这项技术时，你一定要朝着球移动，这样可以很容易地判断球的落点。

技巧

4

短距离传球

» 传球

你可以和朋友一起练习这项技术，也可以自己对着墙练习。传球的距离为 5 ~ 10 码（4.57 ~ 9.15 米），重点是传球要精准。

短距离传球要用脚内侧，因为脚内侧是传球时所能用的最大接触面，这个大的接触面可使传球更精准，并使球保持在地面滚动，所以控制传球更容易。

开始练习时，可以传完全处于静止状态的球，支撑脚位于球的一侧，脚尖朝向出球方向，且脚尖稍前于球。踢球脚摆开，踢球脚的脚尖稍微上扬，脚跟向下，

脚内侧

然后用脚内侧击球。触球时，绷紧脚踝，稍微抬起脚，这样就可以击中球的中心，让球始终在地面上滚动。与此同时，试着使你的下巴保持在球上方，这样也利于让球始终在地面上滚动。另外，球传出后，踢球脚应落在支撑脚前面，便于下一步的跑动及推动球前进。

在你学会了传静止状态下的球以后，就可以进一步练习传移动中的球了。轻触球的一侧使球前进再传球，动作要领与传静止状态下的球一样。

这项技术的重点是传球要精准，才能让你的队友很舒服地接球。注意脚踝绷紧，脚尖上扬，脚跟向下，这样能帮助你传出一记好球。

诀窍

2

放松

每次训练或比赛结束后，花些时间放松身体和肌肉。慢跑一会，做一做腿部拉伸。

5

中距离传球

» 传球

中距离传球指在 15 ～ 25 码（13.72 ～ 22.86 米）的距离传球。在接球队友无人盯防且距离你较远的情况下，用脚内侧传球，不会有那么大的力量把球传得很远，此时可以用鞋带的部位传球。练习中距离传球，你可以自己练习，也可以和同伴一起练习。开始练习时，可以传静止的球，这样你就可以专注于技术动作的熟练并逐渐提高水平。

将支撑脚立于球的一侧，且脚尖在球的前面。传中距离的球，需要更多的空间打开髋关节，因此起脚点

脚背传球

也远一些。你可以用鞋带的部位击球，关键部位是大脚趾的关节到脚背的上半部分，脚尖斜向下，脚跟略微上扬。

踢球时，下巴贴于胸前，这样就可以看到击球部位。脚踝一定要绷紧。将球踢出后，踢球脚着地时应与另一只脚保持在一条线上，或者稍微超出。使球保持在地面滚动，这将有利于队友容易接到球并控制球。要确保触球点在球的中间，否则球就会旋转或飞向空中。

现在，再尝试一下传移动中的球。把球滚到一边，支撑脚处于合适的位置，按照传静止的球相同的动作要领击球。学习中距离传球的过程是一个不断试错的过程，所以要尽可能地多花时间，勤加练习。

小提示：如果你要挑球，支撑脚就要离球近些；如果你要踢弧线球，支撑脚就要离球远些。

巨星

大卫·贝克汉姆（David Beckham）

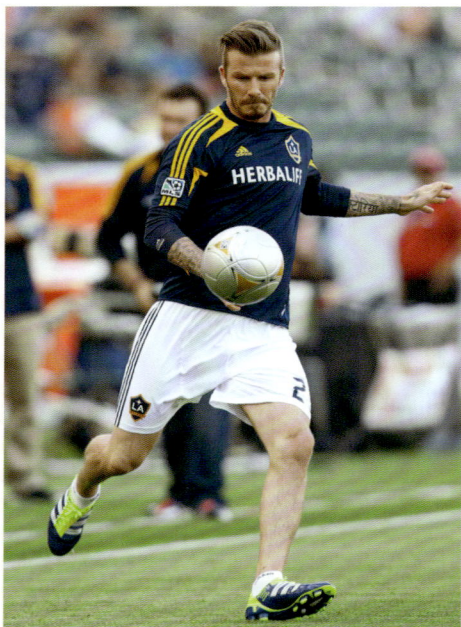

出生日期： 1975 年 5 月 2 日

位置： 中场

效力球队： 曼彻斯特联队（Manchester United）、普雷斯顿队 (Preston North End)、皇家马德里队 (Real Madrid)、AC 米兰队 (A.C.Milan)、洛杉矶银河队 (LA Galaxy)、巴黎圣日耳曼队 (Paris Saint-Germain)、英格兰国家男子足球队 (England National Team)

大卫·贝克汉姆为很多豪门俱乐部效力过，包括英超的曼彻斯特联队（曼联）、意甲的 AC 米兰队和法甲的巴黎圣日耳曼队。他也是西班牙皇家马德里队的超级球星。

毫无疑问，大卫·贝克汉姆拥有足球天赋和非凡的右脚，但其更出众的是他那令人难以置信的职业精神。从很小的时候起，贝克汉姆就梦想着为曼联效力。为实现自己的梦想，他花了很多时间训练和参加比赛。成为职业球员以后，他在训练时间结束后继续花额外的时间练球，不断地练习定位球。贝克汉姆用任意球的方式破了很多次门，并有很多传中助攻，这并不是天赋使然，而是他勤奋练习的结果。

贝克汉姆的意志很强，这帮助他度过了职业生涯最艰难的时期，并使他成为超级巨星。在 1998 年法国世界杯上，英格兰队在最后的点球大战中输给了阿根廷，球迷们认为是贝克汉姆在那场比赛的下半场被罚下场导致了英格兰队的失败。从那以后，他为曼彻斯特联队踢球时，英国球迷向他发出嘘声；他为英格兰国家队出场时，球场也是嘘声一片。

贝克汉姆没有被指责吓倒，反而更加努力地踢球。2001 年，他的一粒进球将英格兰队再次送入世界杯的殿堂，他又成了英雄。许多球员无法承受这样的压力，但贝克汉姆向我们证明，作为一名球员，有天赋再加上勤奋，一切将势不可挡。

技巧

6

长距离传球

» 传球

这种传球方式很重要，如果你能踢出精准的长距离传球（长传），你传球的范围就很大。教练们总是青睐那些擅长长传的球员。对你和你的队友来说，如果你能长途奔袭并有一记精准的长传，意味着你和队友之间的距离缩小了，本队掌握了场上的主动权。

如果长传距离超过了 30 码（27.43 米），长传球往往是高空球。长传通常是为了将比赛转换到对方半场或打到对手身后。长传球必须精准，否则就很有可能失去控球权。

练习长传球一定要和队友一起，这样就不会浪费无谓的时间和体能去追球了。开始练习时，可以传静止不动的球。在球后几步远的地方向球靠近，注意靠近时支撑脚在球前，离球稍远一点，这样踢球脚才有空间摆腿，才能充分发力。就像中距离传球的动作要领一样，触球的关键部位是大脚趾的关节到脚背的上半部分，脚尖斜向下，脚跟略微上扬。

　　与中距离传球的不同之处在于，长距离传球的触球点在球的下半部才能把球踢到空中。触球时，身体稍微向后仰，这样有助于起高球。球传出后，触球脚应该在支撑脚的远端交叉着地。

　　当你掌握了球在静止状态下的长传，就可以练习球在移动中的长传了。再强调一下，学习这项技能是一个不断试错的过程，你练得越多，掌握得就越好。

7

内旋球

» 传球 » 射门

用脚内侧踢出弧线球是比赛中很常见的技能。一个好的任意球会通过弧线绕过守门员，直挂球门死角进球。内旋球在开角球和任意球时经常用到，在进攻时横传和射门时也会用到，是一项很重要的技能。

踢出内旋球的关键是脚的位置及触球部位要正确，这样才能使球旋转。你可以自己对着墙练习，也可以与朋友相距 15 码（13.72 米）对练。开始练习时，还是踢处于静止状态的球。支撑脚立于球的一侧，脚尖在球前。踢球时，脚尖向上，脚跟向下，踢球的外侧使它旋转。

用脚内侧触球

球的旋转方向取决于出哪只脚：右脚踢，球逆时针旋转；左脚踢，球顺时针旋转。注意观察球的运行路线和旋转的方向，且触球后，触球脚应落在支撑脚前。如果你想传低位球，触球点应在球的中部；如果你想传高位球，触球点应在球的下半部。

现在，我们再尝试一下用移动中的球传出一记弧线球。轻踢球使它滚动，支撑脚站稳，重复前述的动作要领。学习这项技能需要一段时间，但这就像骑自行车一样，一旦学会将终生不忘。

试试看吧！

做笔记

诀窍

3

每次训练或者比赛后要做笔记。记下你有哪些方面做得很好，哪些方面可以做得更好，以及教练在比赛结束时说了些什么，等等。

8

挑球

» 传球 » 射门

　　挑球跟我们前面所探讨的许多传球方式相似，不同之处在于，挑球是先使球升到空中然后迅速下落到地面。你可以通过挑球将球传到防守队员身后的空当，也可以在罚任意球时挑球使球越过人墙。如果你掌握了这项技能，你就可以与守门员在 1 对 1 的对抗中挑射破门，或者在守门员离门线较远时吊射。

　　将滚向自己的球挑起来是很容易的，你可以把脚垫到运动的球的下方，稍一用力就能将球挑起来。挑球时，让支撑脚位于球的一侧，脚尖在球前，踢球脚脚尖

挑球（侧视图）

向下，脚跟抬起，与地面成45°角。用大脚趾关节部位踢球的底部。球被挑起来后，踢球脚继续跟进。这样做可以使球回旋，速度也会在落地时降下来。

掌握了挑球的技能以后，你可以试着把球挑给20码（18.29米）外的队友，把球踢到身体一侧或前面，按照上述步骤练习。挑球时，身体稍向前倾，下巴贴向胸前，这将有助于你将脚尖伸到球下，并将球挑到空中。

挑球（后视图）

训练

　　和朋友们一起玩"横梁大挑战"的游戏是练习挑球技能一个很不错的方法。所有人依次在禁区外挑球击打横梁，定点击中得 2 分，行进间击中得 1 分，先得 11 分者获胜。

难度等级

凌空球

» 传球

凌空球是在飞行的球落地之前将其踢出。凌空反弹球是球触地反弹一次后在再次落地之前将其踢出。这两项技能都是球员必须掌握的，必须反复练习才能运用自如。严格来讲，凌空球适用于你的髋部面对球和球门的情形。凌空球的要领是：身体保持平衡，眼睛紧盯来球，专注于人球结合，脚尖始终低于脚踝。

你可以自己对着墙练习，也可以和同伴在 10 ~ 15 码（9.15 ~ 13.72 米）的距离一起练习。与同伴相对而立，双手持球与髋平齐。松手放球，用鞋带部位击球，踢球脚着地时要落于支撑脚前面。踢球时，脚踝关节锁紧，脚尖始终低于脚踝，这样才不会将球踢飞。注意尽量让球的飞行高度低于胸部。

处理凌空反弹球也是用同样的方法。将球高抛过头顶，脚下保持移动，眼睛盯球，看它触地反弹。在球弹起再次下落时，用鞋带部位击球，注意保持脚尖始终低于脚踝，击球时脚踝要锁紧。

现在，你已掌握了凌空球的基本要领。记住，先把凌空球的精度和技术练好，然后再逐渐增加击球的力量。

10

罚球点球

» 射门

很多人认为罚球点球靠的是运气，持这种观点的人通常是那些罚失点球的球员或是在点球大战中输掉比赛的球队。其实，罚球点球靠的是技术、对场上形势的判断和球员的自信心。如果你的技术扎实，并且清楚自己该如何主罚球点球，这会给你成功的信心。

你无法控制守门员的扑救，也不能让球门移动，你只能通过控制球的运行轨迹来掌控场上的形势。如果你罚出的球的速度、力量、方向均恰到好处，即使守门员判断准确，他（她）也可能扑救不了。记住，守门员只是在猜你要将球踢向哪边，只有你自己才知道球真正要去哪。球的两个最佳落点是球门的上下两个死角。如果球打在守门员的膝盖和肩膀之间，射门就很难成功。

球点球成功的关键就在于多练。把球放在罚球点上，如果你还没想好该怎么罚，可以标一条和国家队球员一样的跑动路线，深呼吸，放松，助跑，眼睛盯球，而后起脚打门。

练习罚球点球时，无论有没有守门员，都尽可能地按照罚球点球的技术练习。如果你是罚球点球的高手，那么你就是球队一笔宝贵的财富。

罚球点球时，用脚内侧或脚背踢球，支撑脚稍前于球，脚踝锁紧，胸部和下巴位于球上方。球踢出后，踢球脚着地后立即向球门跑动，一旦守门员将球扑出，可伺机补射入网。

罚球点球时，思路要清晰，不要轻易改变主意，更不能心存杂念。注重过程，而非结果。

11

难度等级

掩护球

» 控球

掩护球是足球运动员很重要的基本功。掌握了这项技能可以使你在别无选择时保持控球权。当你无法转身面向对方防守队员或者没有机会传球时，你只能掩护球，直到发生下列四种情形之一：

● **在你掩护球时，对方防守球员上来逼抢**。你可以从另一边绕过去摆脱他（她）。

● **对方防守球员贴身逼抢**。在这种情况下，通过晃动身体来摆脱防守队员。

● **对方又有一名队员协防给你施压时**。遇到这种情况，如果你抬头观察，你会看到防守队员夹击时留出的空当。

●**得到队友接应时**。遇到这种情况，可以把球传给来接应的队友。如果你有自信，你也可以利用队友的掩护，转身过掉对方防守队员。

无论要达到以上哪种目的，首先，你必须确保自己有很好的位置掩护球。你要使自己的身体位于对方防守队员和球之间，确保球在你离防守球员最远的那只脚下，这样对方就无法去断球了。其次，脚掌踩在球上，并用外脚背拨动球。注意，如果脚一直在球的正上方，你将失去平衡，很难往前推进。最后，计划好摆脱防守的带球路线，尽快离开，多待哪怕三四秒就有丢球的危险。

12

颠球

» 控球

　　足球有很多技能是一个人很难练成的，往往需要同伴的配合才行，但颠球不一样，有球和有空间就够了。颠球也是一名球员必备的技能。如果你想成为一名顶级球员，很重要的一点就是把每次触球都当作首次触球来练习。

　　颠球分为普通颠球和花式颠球两种。普通颠球，是让球离地的时间越长越好，能颠多少下就颠多少下；花式颠球，是用身体的不同部位依次触球（如右脚、左脚、头部和大腿等）并重复。

　　普通颠球是自由式的，想怎样颠就怎样颠，想什么时候颠就什么时候颠。大多数情况下，用脚颠球时，脚尖在触球时会向上翘，这样能使球向内旋转并与你保持很近的距离，让你多颠几下。颠球可以帮助你在被对方球员包围的情况下从狭小的空间中突围。

花式颠球就不自由了，因为你要依次用到身体的各个部位来颠球。练习花式颠球时，你也是在挑战自己，因为你要用非惯用脚和很少用到的身体部位（比如胸部或大腿）来颠球。花式颠球有助于开发你的身体潜能，提高控球水平，这在进攻时体现得尤为明显。

颠球对保持身体平衡也大有益处，因为在颠球的大多数时间里，你都是单脚着地。

诀窍

4

为自己树立一个榜样

关注本地职业球队与你位置相同的球员，模仿他们的动作，并从他们的失误中汲取教训。

技 巧

13

左右脚踢球

» 盘带

控球就是关于触球以及舒服地带球的所有动作，你的目标是使两脚的能力平衡。成为左右脚脚法都很全面的球员是一个很有挑战性的目标，但回报也是巨大的。如果你的左右脚踢球的能力都很强，你将成为教练和球队的重要法宝。这项技能与颠球类似，你可以用左右脚带球跑动，或者盘带过人，或者设定特定的进攻方式。

在你开始练球时，为了使练习具有挑战性，要先练习你的非惯用脚。首先，用非惯用脚的内侧或外侧将球从球门线带至小禁区边线，转身，回到球门线；然后，带球至点球点，转身，回到球门线；最后，带球至大禁区边线，回到球门线。用非惯用脚做完一组练习后再用惯用脚重复这些步骤。做这样的练习时，试着用两组非惯用脚带球、一组惯用脚带球的组合来挑战，这样会帮你真正提高技术。记下每组练习触球的次数，并试着不断地增加。你也可以找个人帮你计时，看看你是否每天都能打破你原有的纪录。

注意以下几点：下巴抬起并远离胸部，这样你在带球时能看清前进的方向；触球时用力要轻，让球远离对方防守队员，并始终将球控制在你脚下；膝关节微屈可以让你快速地横向移动，过掉对方防守队员。

14

禁区内射门

» 射门

在禁区内或禁区边缘射门与远射完全是两回事。在禁区或禁区边缘射门更多的是取决于射门的位置和脚法的运用，而非力量和速度。通常情况下，禁区内聚集了许多球员，你很难看清球门。这种情形虽然对你不利，但给守门员的扑救也造成了一定的困难。守门员很难看到球，球可能打在球员身上发生变向。

在禁区内射门时，要注意以下三点：

● **充满自信，敢于冒险**。如果你不射门，你的球绝对进不了球门。在禁区内射门，最坏的情况也只不过是没有将球射进，而最好的情况则是你进了球帮助球队得了分。

●**把射门当成传球**。角度精准、干净利落地一脚"传"球。

●**脚下保持移动，身体保持平衡**。如果你触球时身体后仰或伸展幅度太大，你将错失进球良机。

一旦你处于禁区，你就要考虑采用何种形式射门以及将球踢向球门的哪个位置。你的目标是将球踢进门框并使守门员很被动地扑救。如果你把球踢得很高或者踢偏，本队就没有机会拿到反弹球进行补射。尽量使射门高度低于守门员的膝盖，这样守门员就很难扑救。如果你准备射门时正好位于球门区内，别犹豫，起脚射门就是了。如果你从更远一点的地方射门，要尽量对准球门，因为这样还可以制造很多的反弹球和变向球的机会。

技巧

15

面对守门员射门

» 传球 » 射门

在练习这项技能之前，先问问自己："在面对守门员时我能做什么？"你控制不了守门员，也不能移动球门，你只能控制球和自己的跑动，所以控制球和跑动才是你在训练或比赛中最应关心的。

面对球门，从中圈后侧将球大力开出 10 ~ 12 码（9.15 ~ 10.97 米），然后冲刺追球。首次触球时，放慢速度，把球推到左侧或右侧。如果你是右脚型选手，将球推到右侧；如果你是左脚型选手，则将球推到左侧。抬头，带球插入罚球区。当你接近罚球区时，最理想的区域是与球门线相连接的球门区前的纵向区域。

抬头，吸气，用脚内侧将球打向对角位置。你在练习时，场上没有守门员，一定要注意用脚内侧将球踢入球门远角的准确性。用另一只脚在罚球区的另一边重复上述动作的练习。

在没有守门员干扰的情况下，每只脚至少练习30次，熟练之后再加上有守门员的练习。要注意调整控球时的跑动路线和呼吸。

当进行有守门员守门的射门训练时，你一定要有耐心。转守为攻无非有两种结果：要么进球，要么不进球。稳稳地控球并接近球门射门，最终一定能成功。一直射门，你总有进球的时候。

巨星

克里斯蒂娜·辛克莱（Christine Sinclair）

出生日期：1983 年 6 月 12 日

位置：前锋、进攻型中场

效力球队：加拿大国家女子足球队（Canadian National Team）、全美女足联赛（National Women's Soccer League）中的波特兰荆棘队（Portland Thorns FC）、金色荣耀队（FC Gold Pride）、美国女子足球职业联赛（Women's Professional Soccer）中的西部纽约闪光队（Western New York Flash）

当克里斯蒂娜·辛克莱亮相世界舞台并在国际足球联合会（Federation Internationale de Football Association）U19女子锦标赛上打入10球，帮助加拿大队获得亚军时，北美地区无人感到意外。在那之前，她已代表加拿大队参加过许多重大赛事，并在波特兰大学开始了她的全美职业联赛生涯。

在波特兰，辛克莱带领她的球队在2002年和2005年两次获得全国冠军。在她的大学生涯中，她在94场比赛中打进110球，32次助攻。辛克莱在金色荣耀队、西部纽约闪光队拿到了很多冠军，还在2013年帮助波特兰荆棘队获得冠军。辛克莱为她所效力过的球队都拿到了冠军，这就是我们所说的，伟大的球员成就伟大的球队！

辛克莱还在继续着她的职业生涯，但她令人印象最深刻的应该是在2012年伦敦奥运会半决赛中上演的精彩的帽子戏法。在那场比赛中，她打进三粒进球，帮助加拿大以4∶3的微弱优势战胜美国队，这场比赛被许多人视为史上最经典的女足比赛。

是什么让克里斯蒂娜·辛克莱成为了一名巨星？她不仅是一名伟大的射手，还是一名优秀的团队型球员。当她被双人盯防时，她会为队友创造进球的空间和机会。当她的球队遇到困难时，她总能力挽狂澜。她在俱乐部和国际比赛中保持了多项进球纪录，但她对球队最大的贡献是她出色的领导能力和团队精神。她是一名真正的巨星。

外旋球

» 传球 » 射门

难度等级

用外脚背踢出弧线球是最难的足球技能之一，但只要有耐心并勤加练习，你一定能学会这个很有价值的技能。外旋球的关键在于脚的位置正确，把握好触球点，专注于出球技巧而非出球力量，但你掌握了这项技术之后，可以加大出球力量。

你的目的是要踢出旋转球，如果你用右脚出球，球会顺时针旋转；如果你用左脚出球，球会逆时针旋转。使球旋转是踢出外旋球的关键。开始练习时，先踢静止的球，你可以自己练习，也可以和朋友相距 15 ～ 20 码

外脚背

（13.71 ～ 18.29 米）远一起练习。

练习这项技能时，支撑脚放在球的一侧，让身体稍后于球，这样就有足够的空间摆腿出球。像国家队队员那样，后退几步，助跑，一脚出球。触球时，脚尖向下，脚跟向上，触球点在离你支撑脚最近的一侧，眼睛紧盯球，球被踢出后，注意球的旋转，踢球脚在支撑脚前着地。踢外旋球只用到了脚的一小部分触球，所以在学习这项技术时，一定要有足够的耐心。

观看现场比赛

当你在现场观看比赛时，你能真正看清整个球场发生的一切，这会让你成为一名更优秀的球员。去看本地职业球队的比赛吧！

头球

» 传球 » 射门

头球也是足球运动员必须具备的重要技能之一。如果你不会头球，你将很难在你渴望的顶级赛事中出彩。如果你的头球方式不正确，对你来说则很危险。正确的头球可以使你更加出众，但比成为出色的球员更重要的是安全、不受伤。

你需要注意以下两点：

● **你不需要把每个球都用头顶到 30 码（27.43 米）外，但你一定要保证每个头球的技术是正确的。**

● **你是在顶球，而不是被球击中。**

学习头球，最好的教练可能就是你自己。把球抛到刚过头顶的高度，将球顶起再接住。练习时，用前额较硬的部分触球，即鼻子的正上方和前额上方三分之二的位置。用头顶球是个危险的动作，很容易受伤，所以一定要注意安全。当你能舒服地应用这项技能后，你可以顶 5 ~ 10 码（4.57 ~ 9.15 米）外抛来的球，接着再顶更远的来球。

如果你用头球解围，要将球向上或向外顶；如果你用头球进攻或者头球攻门，则要向下顶或者顶在球门范围内。

头球是一项复杂的技能。教练会在训练中帮你提高这项技能，但如果你能自己练习，那你在成就最好的自己的同时也帮助了教练。记住，安全和正确的动作要领是成功掌握这项技能的关键。

策略

1

在观察中学习

» 防守

　　要想提高个人的比赛能力，除了反复练习之外，没有捷径可走。去现场观看比赛也很有帮助，你可以观察球员如何跑位及在无球状态下做什么。电视直播的比赛通常将镜头聚焦于球，因为在家看球的人们更关心球在哪里以及球员处理球的动作。

　　你是否对职业球队教练总是去现场观看其他球队比赛感到好奇？毕竟他们可以像其他人一样在家看比赛。他们去现场看比赛，是因为他们可以看到你在电视上看不到的东西。例如，球队在前场如何组织进攻，球员传球后如何跑位以及球在中场时前锋如何跑位。你可以从本地球队或校队的比赛中学到很多东西。

去现场观看比赛时，带一个记事本，以便你记录场上发生的情况，因为我们很难在没有做笔记的情况下记下所有的事情。在比赛过程中，你可以了解高水平球员及球队的踢球方式。最好是去观看跟你踢相同位置的球员，这样就可以向他们学习处理踢球的技巧和跑位的技巧。

如果你是前锋或能在场上打多个位置，密切注意场上球员在无球状态时的举动。他们采取了怎样的站位？他们的身体姿势是怎样的？他们是站在原地休息，保持警惕，还是时刻准备移动？尤其应当留意球队夺回球权时所采取的行动。球队在攻防转换时采取了什么方式，并想想哪些技术和战术可以用在你的比赛中。

如果你在观察后卫，从他们的球队发起进攻时就要特别注意。他们采取了怎样的站位？他们是参与进攻还是留在后场？当本队不得不转入防守时，他们是怎样应对的？当球离得比较远时，他们离要盯防的人有多远？当球向他们飞来时，他们是怎样封堵的？如果你是一名后卫，这些问题的答案对你非常有帮助。

　　如果你踢的是中场，观察球场上同样踢中场的球员。他们多久拿一次球？得到球后他们是如何处理的？他们夺回了几次球权，又丢掉了几次球权？观察一个跟你踢相同位置的球员踢球是一个让你踢得更好的不错方法。

　　除了观察这些球员的个人表现，你可以花 15 ～ 20 分钟观察球队的整体表现。他们是怎样发动进攻的，使用长传还是短传，是从中场发动进攻还是利用边路突破？失球后，整个球队采用了怎样的防守策略，是退回自己的半场并放弃进攻，还是快速反抢？

　　观看现场比赛将帮助你迅速成长。

2

记住并预测比赛套路

» 传球

一开始观看足球比赛的时候，你很难弄清楚场上到底发生了什么，场上形势往往难以捉摸。随着年龄的增长，你会逐渐发现场上的比赛是有组织的。由于你和你的伙伴目前还处在学习比赛的阶段，因此，你可能仍然感觉比赛场上很混乱。学会识别比赛中的套路并预测接下来会发生什么是很重要的。

让我们把足球比赛与你最喜欢的电影或者故事做个比较。如果你本周末看了一部电影，下周末还是看同一部电影，你将会看到完全相同的内容。电影有引入角色的开头部分，有情节发展的中间部分，有好人赢了的结尾部分。电影的每一秒都有 24 帧画面，你每次看，这些画面的顺序都是一样的。读书也是如此，从第一页开始，一页一页翻到最后。

把足球比赛想像成一部电影，任何一场比赛，两者相同的部分是开头和结尾。主裁判的哨声就是比赛开始、结束的标志，其中的情节则包括球门球、任意球、角球、界外球、犯规、越位判定、进球、接球、传球，以及许多其他的小动作或偶发事件，等等。足球比赛和电影或书的区别在于，足球比赛永远不会按照相同的顺序一页一页地翻看。在几乎所有的足球比赛中，全部页面都在那里，只是页码各不相同。理解这一点，对你在比赛中提高识别套路、预测走向的能力十分关键。

如果让教练描述一下世界上所有优秀的足球运动员都具备的一项技能，他很可能会说："他们总是比其他人都先知道球要去哪里。"其实，一流的球员并不知道球要去哪里，他们是凭借判断比赛套路的技能而"感觉"到，也就是他们记起了在比赛或训练中遇到的一些情况，根据自己以往的经验做出去哪里或做什么的决定。即使是世界上最好的球员也做不到事事如意，但当你在比赛中识别出一种套路并做出正确反应时，人人都会看到。

训练

帮助你提高套路识别技能的一个不错的方法是和朋友们一起玩"石头、剪刀和布"的游戏。注意他们的动作，看看你能否预测他们下一次会出什么。

3

要有空间意识

» 跑位

在球场上跑动，你的目的是找到空当接球。足球场有 7140 平方米，但有时想找一个空当却很困难。当与强队对决或与更优秀的球员对抗时，你要找到空当更是难上加难。你要知道该去哪里找空当，更重要的是，哪里的空当可以给对手造成威胁。找到空当的关键在于时刻留意你的周围情况。教练或许将这称为"空间意识"。

怎样才能培养空间意识呢？最重要的是不停地抬头观察，这样你就能对整个球场有一个全景印象并发现你需要的空当。你要反复阅读这本书，直到你完全理解球员在场上的位置，他们从哪里来，他们到哪里去，这将帮你脱颖而出。

其实，场上有很多空间，大多数球员只将注意力集中在球上而不关心球以外的事，这就给了你寻找空当的机会。只要对球队有利，只要能支援本队的持球队员，任何空当都是好的。不过，你也应当知道，空当也有好的、更好的和最好的之分。

在球后区域找到空当是件好事，这意味着空当比球离本队球门更近。这固然会让你看清场上发生了什么，但本队正在回撤到后场，你要做好随时快速反击的准备。压力随之而来。

如果球在球场中间，在边路寻找到的空当便是更好的空当，因为这将使对方防守球员向边路跑动。如果你在边路控球，你的选择就很有限了，因为你只能沿边路前进、回撤或带球往里突。

尽管很难找到空当，但最好的空当在球前区域，这就意味着，最好的空当是你离对方球门比球近的位置。这里就是你摆脱防守、获得自由的地方。你的空间意识此时就有了用武之地。

你要时刻留意球所处的位置。防守球员会跑动去抢球，因此你需要看看他们从哪里来，看看他们跑动形成的空当是否有另外的防守球员填补。

如果你在球后开始跑动，对方防守队员可能不会盯防你，因为你还没有对他们形成威胁。如果你越过球，跑进一个空当，此时你对球队就有价值。如果你在中场开始向对方球门线跑动，你会被对方的防守队员卡住并盯防。你最好是从外向里跑，这样即使你没拿到球也很容易在跑动中再次寻找到空当。

增强空间意识和养成不断抬头观察的习惯将会提高你预判空当出现的能力。

4

打开身体接球

» 接球 » 传球

在你开始学习踢球时，让眼睛离开球是很困难的，因为你总是不确定球在哪里，即使它就在你脚下，这种情况会随着你成为一名更有经验的球员而有所改观。当你掌握了球向你飞来时的抬头技巧，并学会打开身体接队友传球的时候，你会发现这在你的比赛中真的很有帮助。

你在接球时，髋关节和双脚正对着队友，你的选择空间将很有限，因为你只能将球再传回去。而当球向你飞来时就打开身体、移动双脚接球，就会在接到球时看到你想传球或带球的空当。

这个简单的动作将大大提高你的竞技水平。当你熟练掌握这一技能后，你会注意到，一旦你打开身体，你的头就会自然而然地摆动，让你看到身后的空当。现在，抬头观察场上，你会得到更多的信息，在接下来的行动中就会做出更好的选择。当你打开身体时，你会注意到有时你不必控球，利用传球的力量就可以让球沿着你想让它去的方向前进。

训练

训练这个技能的最好方法是与朋友一起练习。在距离 10 码（9.15 米）开外的地方做一些简单的传球给同伴。当球向你飞来时，左脚后撤，肩膀正对着传球者，让球滚过右脚，用左脚接球。然后练习右脚撤到身后，让球滚过左脚，用右脚接球。如此反复练习。

5

不要越位

» 跑位

对于球员、教练和球迷来说，球场上最具争议的时刻是进球后被判越位。

越位的规则似乎改变了许多，不仅球迷对此有争议，许多教练也对此不满。不过这种指责毫无用处，因为裁判判你越位你就是越位。越位规则可能会改变，但如果你不想被判越位，就要保证你与对方球门之间必须至少有两名对方球员（包括守门员）。这也为球员跑位增加了难度。

不要越位

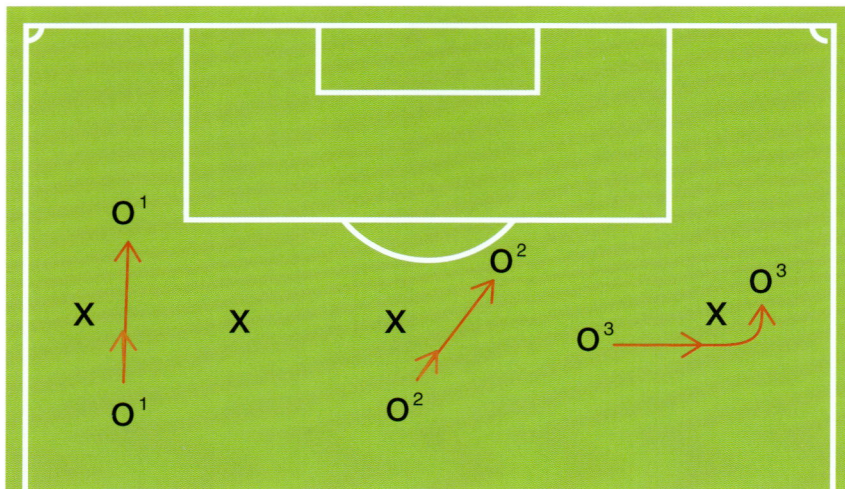

球员O¹直线向里跑位不合理。
球员O²斜插较为合理。
球员O³折线跑位最为合理。

　　如何让自己不越位？注意对手的后防线在场上的位置，抬头不断地观察对手在哪里，并相应地调整自己的位置。在边路保持不越位要容易一些，因为在边路时，你只需要侧身朝里就可以清楚地看到对方的整条后卫线。相对而言，在中路保持不越位就很具挑战性了，因为你必须不停地转头去看对方的后卫线在哪里。时刻关注周围的情况会让你成为更优秀的球员。所以，一旦有机会，你就要尝试打打中锋的位置。记住，越位被举旗并不代表到了世界末日。相反，这正是一次无价的学习机会。

接下来讨论关于插入空当接球时保持不越位的问题。如果你沿着直线跑位，当你想接的传球有延迟时，你就很有可能越位。如果你处于越位位置并且没有触球，那么，尽快跑回不越位的位置，这样才对球队有帮助。最好的跑位是先贴着对方防守队员横向跑位，在球传出时突然转身前插接球，这样就不会越位了。斜向跑位突破对方防守队员也是一种较为合理的方式。在距离越位线两三步远的地方启动，确保能看到传球，然后卡着时间进入空当接球。

最后一个问题是当你被判越位时应该怎么办。把反越位想象成一场猫捉老鼠的游戏，有时你没有越位却被裁判判定越位，有时明明越位了却可能逃过判罚。你对裁判判罚的反应将使接下来的情况有所不同。足球比赛难免犯错，关键是你如何应对。如果你被判越位并且申诉成功，你很有可能不会在下次争议判罚中获益。如果你接受了裁判的判罚，说不定很快就能转守为攻。

6

在边路应该做什么

» 防守 » 传球 » 跑位

边前卫是对球员能力要求比较高的位置之一，如果你的球队采用三前锋的打法，边锋便处在这个位置上。如果不用脑子踢球，边路球员也会很快精疲力竭。

当球队防守时，每个人都希望你回撤协防；当球队控球时，每个人都希望你前插进攻。你跑满全场帮助队友的时候肯定会感到疲惫，一旦身体产生疲劳，你的动作就会变形，大脑也会做出一些糟糕的判断。那么，怎样才能成为一名出色的边前卫来帮助球队呢？

在比赛或者训练前与教练聊聊，这样你就知道教练想让你做什么。如果教练想让你参与进攻，问问他当球队防守时你要回撤到后场多远，这会帮你在球队夺回球权时找到自己的合适位置。不过，教练也可能让你更多地参与防守。这个时候你就该问问，当球队进攻时你需要前压到什么地方，以及在这个位置为持球队友提供什么样的支持。最重要的问题是"当我们获得球权时，我的启动位置在哪里？"这将帮你弄清你在场上的位置以及跑动的范围有多大。这些问题搞清楚了，你就能更好地为球队效力了。

如果你是一名边前卫，拿到球后的首次触球就能控制下来并将球带入安全空间也是非常重要的，这样你就可以保证球不会被抢断并保持控球权。接球时，确保你的身体打开，这样你就可以从边路看到整个球场。正如我们前面讲过的，打开身体可以让你对场上形势有一个更好的把握并做出更好的决定。如果你传球，你还需要找到一条传球路线或者通过带球突破创造一条传球路线。随着你踢球经验的增加，这会变得越来越容易。在这样的情况下，无所谓对与错，你只是根据你所看到的情形做出判断。不要怕做决定，这就是教练想让你做的。

当对方控球、本方防守时，你要问自己的第一个问题是"我是在正确的位置上帮助球队吗？"如果答案是"是"，那就太好了；如果答案是"否"，你就要尽快跑位到正确的位置。本方防守时，最容易做的就是整体后撤，靠近本队球门。不过，需要注意的是，你如果离后卫太近，实际上是帮了对手的忙，因为你回撤形成的空当会被对手占据，当本队再次发动进攻时，你将不能提供有效的支持。

打边路不容易，但当你有了更多的比赛经验之后就会轻松很多。提前与教练沟通非常重要，毕竟一支成功的球队离不开出色的边路球员。

策略

7

封堵

» 防守

当你的球队失去球权时，你需要做的第一件事是参与防守。假如球队的控球率是50%，而你从未参与防守，这就意味着你只打了半场比赛。想象一下：如果你在学校考试时只答了一半的题，即使你全对，你的成绩仍是"不及格"。同样，球队里也不容许有不及格的球员。

当你的球队失去球权时，你要问自己的第一个问题是"我是在正确的位置上帮助球队防守吗？"如果答案是"否"，你就要尽快进入防守位置。一般来说，当球队失去球权的时候，你应该设法反抢。这就意味着你比球更靠近自家球门。如果你能在球门前封堵来球，这会是一个很好的位置，因为对于对手来说，球只有越过你才可能破门得分。这听起来像是常识，但很多球员并不太关心比赛，相反，他们站着看对手进攻。教练会欣赏你封堵反抢的努力，因为你的举动表明了你的团队意识。即使你踢的是前锋，你也应该适时回撤帮助中场球员。就像本书列举的那些巨星一样，世界级的球员都有很强的团队意识。

让我们看一下你在球后区域时应该怎样找到自己的位置并帮助球队。球队只要失去球权，你就要立刻回撤到后场并占据防守位置。在场上，想象你和本方球门中心之间有一条线，这是你实现攻防转换的路线和在球后最快占据有利防守位置的路线。有时，向本方球门方向回撤这个动作本身就足以打乱对方的部署，为球队争取场上优势。如果你在边路，要尽快插向中场，这意味着你比球离中场更近。通过在中场占据有利防守位置，你可以帮助球队在半场控球并减轻防守压力。

当你接近球的时候，你要决定是去抢球还是进入掩护位置策应本队第一个逼上来的后卫。如果本队还没有人上来逼抢，那么你就要向对方球员施加压力。记住，不要试图从背后铲球，因为那样裁判会判你犯规。你就在球后，保持对持球队员施压。如果本队后卫已经进入防守位置，你就靠近他并协助他夺回球权。

总之，要尽快回到防守线。试着进入球与本方球门之间，并在中场封住对方的传球路线。如果球周围没有队友，你就要向对手持球队员施压；如果队友已进入防守位置，你就为他（她）打掩护。

诀窍

6

保持体能

你的教练不是体能教练。你要对自己的体能水平负责，不要落后。努力成为球队中体能最好的球员吧！

巨星

米娅·哈姆（**Mia Hamm**）

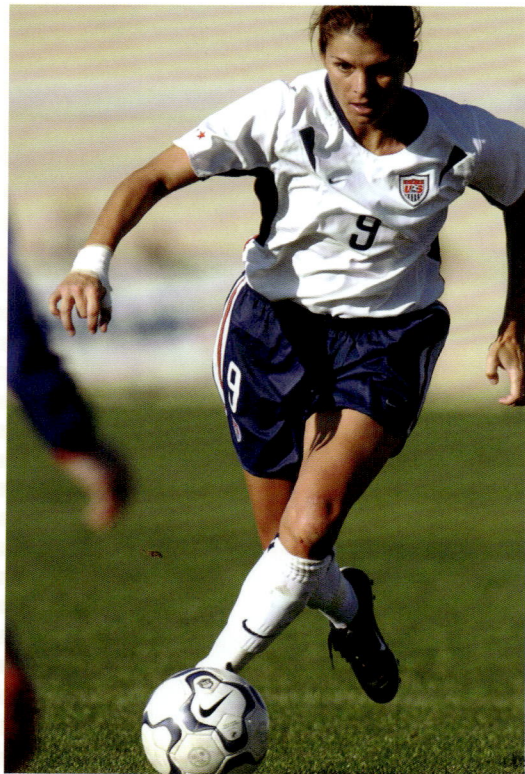

出生日期： 1972 年 3 月 17 日

位置： 前锋

效力球队： 美国国家女子足球队（US Women's National Soccer Team）

米娅·哈姆是足球历史上最有影响力的球员之一。哈姆身高 5 英尺 5 英寸（1.65 米），但她在踢球时，她是球场上最显眼的球员。

哈姆在比赛中的攻击性很强，是最危险的前锋。她为自己创造空间的跑动非常棒。因为她创造的空间，她的许多队友都能进球。

哈姆为美国国家女子足球队踢了 275 场比赛，进了 158 个球，这是一个很高的进球率。她也是美国国家队 1991 年和 1999 年两届世界杯中的核心球员。除了获得两枚世界杯冠军奖牌，她还在 1996 年和 2004 年两届奥运会上获得金牌。2004 年奥运会后不久，她就退役了。纵观哈姆在北卡罗莱纳大学的整个足球生涯，她所在的球队在她出场时只输了一场比赛。伟大的球员造就伟大的球队，哈姆让她效力的每一支球队都变得伟大。

哈姆作为一名球员对足球运动的贡献是巨大的，但她在球场之外的工作也同样重要。哈姆是女子足球的代表人物，是青少年球员的榜样。她刚开始踢足球时，女子足球并没有引起人们太多的关注，而当她在 2004 年退役时，女子足球已经被世界数百万观众关注。哈姆对女足地位的变化功不可没，她也是女足首批超级明星之一。

8

掷界外球

» 传球

每场比赛平均有 45 个界外球。假定你的球队得到其中的一半，那么你的球队就有 20 ~ 23 次掷界外球的机会。也就是说，掷界外球也是足球比赛中非常重要的一部分。如果你的球队懂得在掷出界外球后控球，你们就会在比赛中赢得更多的控球时间。记住，比其他球队的控球时间更多并不意味着你们会赢得比赛。当然，如果对手控球时间少，他们破门得分的机会也就少，你的球队就可能立于不败之地。

当你掷界外球时，不要着急，以免掷出一个糟糕的界外球。掷界外球时，确保做到以下几点：

- 面对比赛场地；

- 双脚不要过边线；

- 两手并用；

- 将球从背后抛过头顶。

你把球掷给队友时，确保他（她）一次触球就可控球，或者更妙的是，他（她）可以把球再传给另一名队友，当然也可能是传给你。最好的掷界外球是掷到队友脚下，或者是头部，这样他（她）就可以直接传给其他队友。将球掷向队友的脸、肩、胸、腰都没有用，甚至可能导致队友失去球权。在掷界外球时，想想你的队友，给他们最好的控球机会。记住，掷完界外球，你要迅速跑回场上，为队友提供支持。

9

接界外球

» 防守 » 传球

当你接界外球时，为了持续控球，最重要的是你的第一次触球要连贯和稳定。这是你应该承担的责任，要尽可能多地练习。

其次要考虑的事情是把握好进入空当接界外球的时机。如果去得太早，你会吸引另一名防守球员，并使球周围的人越来越多，这会使掷界外球的队友面对更多的困难。而且，由于每个人都离球很近，球权反而容易易手。如果接球太晚，也可能会失去球权。把握进入空当接界外球的时机需要花时间勤加练习，所以你要有耐心。

最后要考虑的是用身体的哪一个部位触球。如果你想一次触球就能控球，就用头或脚触球。把注意力集中在控球上，尽量把事情简单化。

诀窍

7

穿合适的鞋子和球衣

确保你有适合比赛环境的鞋子。衣服不合身会对场上的跑动造成影响，对球队也没有帮助。

10

了解常见的套路

» 防守 » 传球

现在你已经对识别足球比赛中的套路有了基本的了解，并且知道它可以帮你成为一名更出色的球员。接下来，让我们看看场上有哪些线索可以帮助你预测接下来的比赛，以及你应该怎样应对。

当你的球队在防守时，你需要寻找一些可能的套路。你要关注的是阻止对手进球得分的种种努力。

如果对方中后卫将刚开始的球门球踢开，这可能是他们的中场球员回撤拿球的信号，他们会从后场组织进攻。如果你看到了这样的情况，尽量靠近那名中场球员并阻止他接球。这会迫使他（她）把球踢给边路一个也许不太适合拿球的后卫。

当你的球队在防守角球时，如果角球区有对方两名球员，那么他们很有可能发战术角球。为了打破对手的计划，你应该和另一位队友逼近角球区，形成2打2，迫使对方做出改变。

如果对方四后卫来回传球，并不急于发动进攻，那么你就试着到对方四后卫中间切断他们的传球路线。这会让对手收缩在半场内并压缩了他们的空间。

当你在防守界外球时，如果你盯防的那名球员朝掷界外球的球员跑去并且已经很近，那就不要再一直跟着他（她）了。如果你这样做了，你身后就会留出一个对手可以利用的空当。要时刻注意你跑动留下的空当。

如果你打后卫，试着把注意力集中在对方持球者的髋部。如果对方持球者的髋部打开，一个长传可能尾随而至。这时你要回撤，争取抢到第一落点。

当你的球队控球时，也有许多套路可寻。如果你打中场，找找你们队的前锋在哪里，然后向球跑动准备接应。跑到刚才他们离开的位置，这时你将无人盯防，从而成为最有可能进球的那名球员。

如果你在罚任意球并想破门得分，试着看看守门员的脚是否平衡，或者看他（她）的重心是否偏向球门一边。如果是这样，这就意味着守门员很难移动到相反方向，此时正是你的破门良机，当然，这也适用于罚球点球。

如果你的球队控球并在禁区内发动进攻，你就不要再直奔着球而去了，此时应在小禁区门柱外寻求空当。当所有的防守球员都奔球而去的时候，你就有机可乘了。

套路识别可以通过踢比赛、看比赛来习得，一旦学会，你将与众不同。不过，要对自己有信心，相信自己的直觉。

11

带球还是传球

» 传球 » 跑位 » 盘带

当你拿球时，你有两种选择，要么自己带球跑动或盘带运球，要么直接传到队友脚下或他（她）能接球的空当。重要的是，你要找到这样的线索或者时机以做出最佳的抉择。

你如果接到球后发现有对方防守队员逼近，观察他（她）身后是否有进攻空间，如果有就带球突破。记住，不要让球离你太远，把对方防守球员吸引过来后要突然带球到他（她）身后的空当。

如果你接到了球，并且对方防守球员在 5 ~ 10 码

（4.57 ~ 9.15 米）外，你就带球靠近球门，把他（她）吸引过来，为队友创造空间，同时为自己创造传球机会。如果你拿到球并且前面有可以利用的空当，教练很可能会鼓励你带球进入空当，冲击对方的后防线。这会给对方带来麻烦，对方不得不逼上来与你对抗。如果你的跑动速度比他（她）快且球始终在你的脚下，你就能轻易地过掉对手并吸引更多的对方球员，从而为队友创造更多的空间。

如果你接球后没有队友接应，你就要尽全力护住球，直至队友上来增援。

传球的时候，想想你为什么要传球。你可以通过传球来转移球，你也可以带球跑动或盘带运球来实现这一点。不过，传球是转移球最快的方法。

你只能把球传给比你位置更好的人。有时，球传给被盯防的队友只会令他们陷入麻烦，并有被抢断的风险。这种传球称为"问题球"，因为这会使接球队员陷入麻烦。

当你发现有突前的队友未被盯防或者离对方球门更近时，你就要传球了。这种传球对球队很有帮助，因

此被称为 "有效传球"。也就是说，你的传球会让你的球队在场上的形势更为有利，有利于球队前压，或者接球的队友有更多的空当，即便是一个回传球。

最后要看的是你的传球距离。你在 40 码（36.6 米）外给未被盯防的队友传了一个球，你认为是传出了一记好球，实际上是给接应队友带来了麻烦，因为对方防守球员已经向球跑动或正等着你的传球。

比赛时，记录你有效传球的次数并在以后的每一场比赛中力求增加。

巨星

里奥·梅西（**Lionel Messi**）

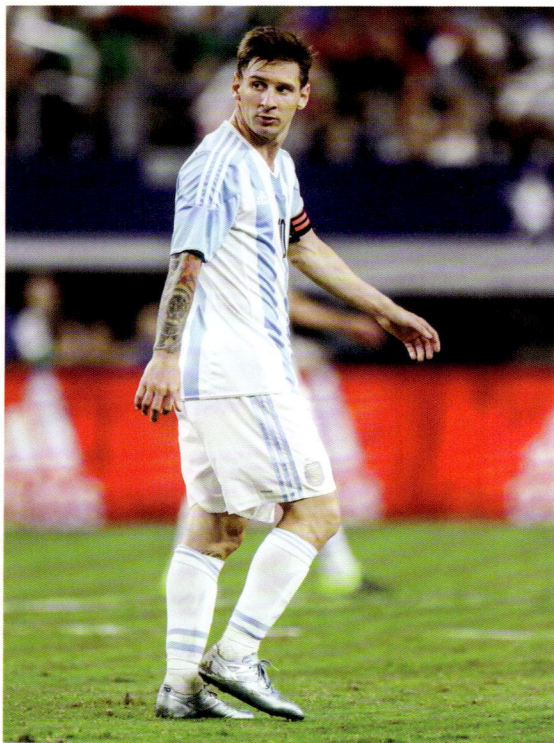

出生日期： 1987 年 6 月 24 日

位置： 前锋

效力球队： 巴塞罗那队（Barcelona）、阿根廷国家队（Argentina National Soccer Team）

梅西，你经常听到"梅西"和"进球"这两个词在一起，似乎梅西所做的一切只是为巴塞罗那和阿根廷进球，但关于梅西，你要了解的还有很多。

　　在梅西很小的时候，他被诊断出患有一种阻碍他正常生长的疾病，因此他不得不接受治疗。

　　11 岁的梅西随父亲离开阿根廷，进入巴塞罗那足球学院。在巴塞罗那足球学院期间，他赢得了许多奖牌，并在巴塞罗那称雄西班牙和欧洲的过程中发挥了关键作用。他还代表国家队出场 100 多次，成为国际足坛一个"恐怖"的存在。

　　梅西有许多伟大的天赋。他是一名伟大的射手，很多对手和教练都说在状态的梅西是不可阻挡的。他的重心很低，这使得他可以在禁区内快速转身创造进球机会，在开阔区域摆脱对手。当梅西在进攻中带球突破时，他的速度和脚法都非常出色，这也是他令人望而生畏的原因。他的控球能力很强，防守队员几乎不可能占到便宜。他常常加速突破对方防守队员为队友创造空间，在助攻方面也发挥了很大的作用。

　　梅西的团队意识非常好，当他在无球状态时，他也非常努力地跑动帮助球队夺回球权。他的职业道德和出色的技术使他成为有史以来最伟大的足球运动员之一。

12

渗透

» 传球

怎样把球带向对方球门并创造破门良机呢？你可以越过、绕过，或者穿过对手。但诀窍不仅仅是选择最简单快捷的方法达到目的，而且要有一个备选计划。

第一选择是中场直塞穿过对手，或者后卫长传，或者守门员开大脚或用手抛球。这样的传球可以减少触球的次数，但你不能指望一脚就能把球传到对方后场并且进球得分，那不是足球。你要通过可控的传球过掉对手，使球可以进入一个队友可以接球的空当。要越过对方的防线，你必须要有足够的空间。如果对手的后防线

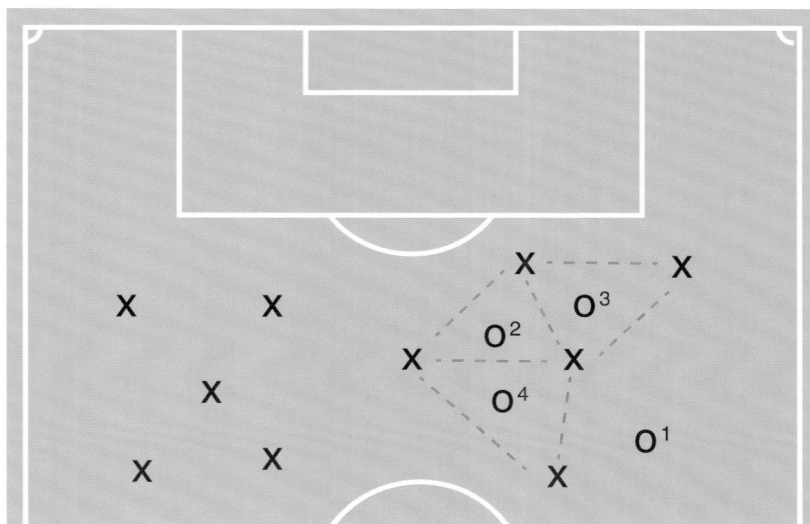

防守队员×进行严密防守，但位置比较分散。在这种情况下，进攻时必须保持三角站位，能够穿越对手防线。球员 O^1 可以选择性地将球传给球员 O^2、球员 O^3、球员 O^4。

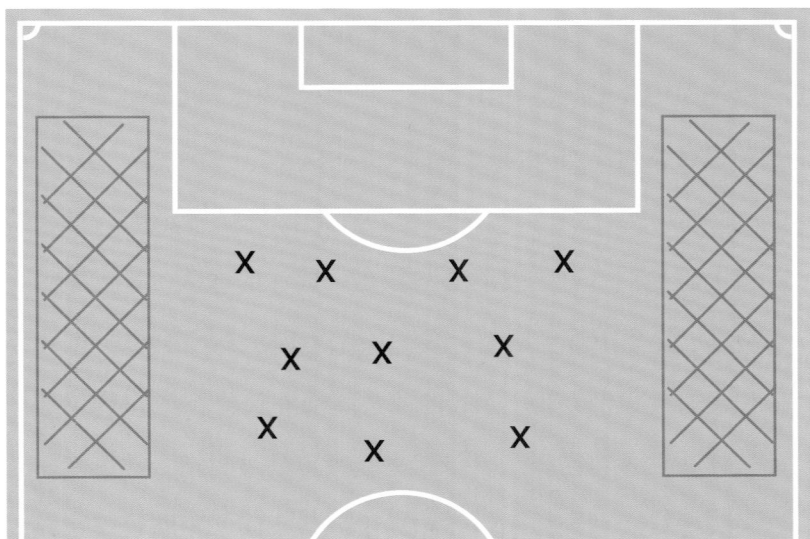

防守队员×处于深度防守区域并且保持队形紧凑，此时的选择应该是将球传到边路的阴影区域。

前压至中线附近或者中圈之后，你就有发起进攻的充足空间。如果他们在自己的半场回撤很深，后防线回撤到了禁区，你就没有足够的空间来越过他们。在这种情况下，你只能选择别的方法。

如果对方的后防线在禁区边缘附近，就观察一下他们在场上的站位，这将帮助你决定如何进攻。如果对方的边路球员也在禁区内，你就可以从外部发起进攻。你需要尽可能快地把球传向边路，然后再试着下底传中。快速、准确地传球给边路球员是非常不错的选择。把球传到队友前方更好，这样他们就能跑进空当，然后传中。当然，如果对方防守球员身后有空当，你也可以绕过他（她）。在比赛中，你要试着做不同的事情，让自己变得不可预测。

如果对方采取的是分布均匀的低位防守策略，那就突破他们。这需要耐心与技巧，但你的球队一旦突破成功，就会让对手望而生畏。突破对手防线是很困难的，你没有失误的余地。你的传球必须精准到位、速度适宜，这样队友才容易得球。传球太软很容易被封堵，并可能失去球权。精准传球、在跑动中创造空间、不断观察、

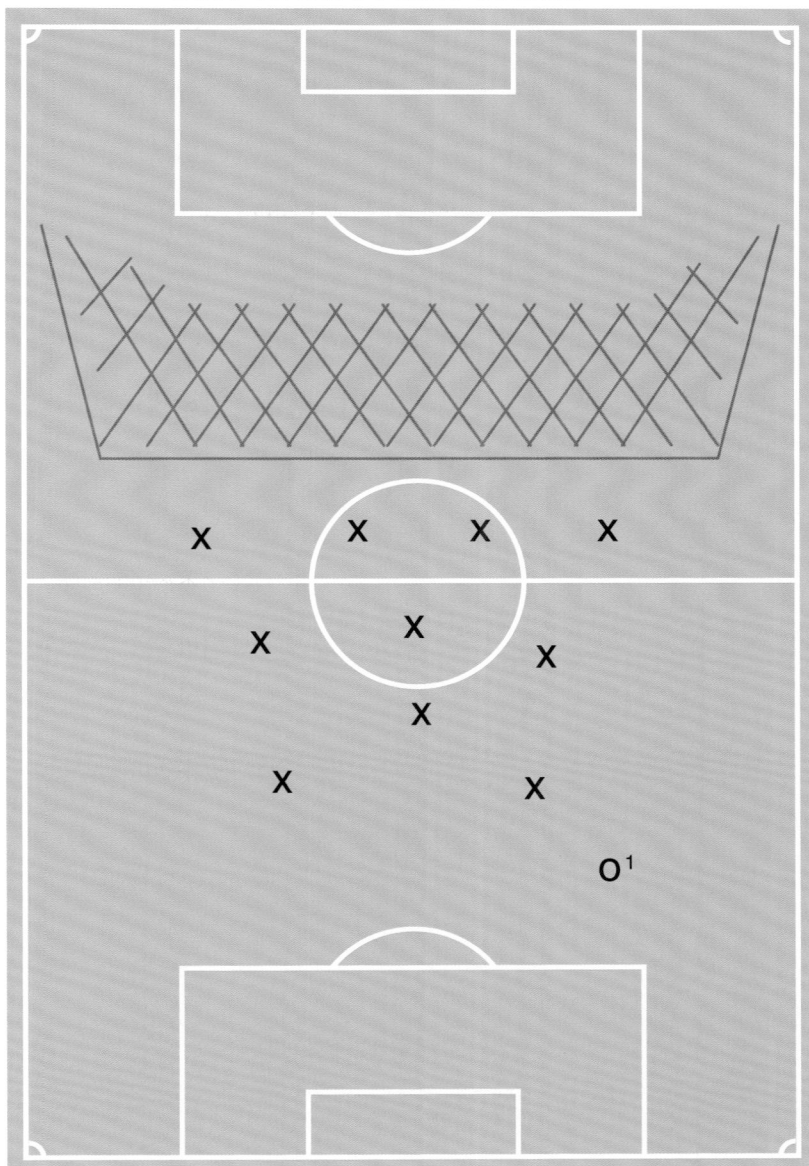

防守球队在进行高位防守，球员 O^1 可以将球长传过顶后到
防守球员身后的阴影区域。

站在对方创造的三角区、打开身体接球，所有这些技能都囊括在本书之中了。

当你学会如何以及何时越过、绕过或突破对手时，你就会成为一名更聪明的球员。当然，如果球就在你的脚下，你正对着球门，而且你认为自己可以打门，那就起脚射门吧！记住，你没有想法的射门机会，错过就错过了。

诀窍

8

训练准备

训练前把所有的器材都拿出来，这样你就不会忘记应该做的训练。想想上次训练中发生了什么，以及你为这次训练做了什么准备。

13

难度等级

在不触球的情况下突破对手

» 传球 » 跑位 » 盘带

足球技能的下一个阶段，是在不触球的情况下通过跑动过掉对方球员。在这个练习中，你要向球传过来的方向跑动，而不是后退。当球传过来时，用你的右脚指向球，肩膀指向传球者。当球滚向你的时候，把重心放在右脚上，当球经过你的右脚时，挤开对手，让球滚向你的左脚。现在，交换双脚重复这个练习，左脚指向球，肩膀指向传球者，把重心放在左脚上，当球滚过你的左脚时，挤开对手，让球从你的身边滚向你的右脚。

刚开始练习的时候，动作可以稍微慢一些，这样你就能更好地理解跑动的时机和方式，当你应用自如的时候，再加快跑动速度。要有耐心。这是一项非常重要的技术，它可以帮助你在不触球的情况下突破对手。

赛后补水

比赛一结束就要补水。可以选择一些运动饮料，它们可以帮你补充比赛时所消耗的电解质和碳水化合物。

14

选择正确的传球路线

» 传球

控球很重要，不过赢得比赛靠的是进球而不是控球。控球的重要性在于，当你控球时对手就无法进球。

球在脚下时你需要考虑给队友传球的方式。同样重要的是，你要明白什么时候、在哪里以及为什么要冒险传球。

让我们来看看两种不同类型的传球：一种是定向传球，就是顺着进攻的方向传球；一种是控球式传球，就是横向传球或回传球。当你无法前进但需要保持控球以继续进攻时，就可以通过传球来保持控球权。

在传定向球之前，需要考虑以下几件事情：

●队友离我有多远，我能将球传给他（她）吗？
如果你不能干净利落地把球传给队友，当球到达队友脚下时，你的队友很有可能会被对方防守队员盯紧和压迫。你要知道你的脚内侧短传、中传和长传的范围，这样才能在传球前做出合理的决定。这些技术将在本书后面的部分中介绍。

●你要传的目标队友的位置比你更好吗？ 如果你的队友被贴身盯防或被围堵，把球传给他（她）就不是一个好主意。你应该把球传给比你位置更好的队友。如果你想传的球对球队没有帮助，那么传球就是一个错误。

如果你不能向前传球，那就采取控球式的传球，然后再寻找其他的机会进球。在你传球之前，有几件事情需要考虑：

●传球后你是否能在足够近的位置策应接球队友？ 如果是，这种传球就是一个很好的选择，因为你正好可以帮助球队保持球权。

●队友接球后，他（她）能有什么样的选择？ 如果你把球传给站在中间位置的队友，他（她）接球后既可以向左移动也可以向右移动。这比把球传给更靠近边线接到球后只能回传的队友要好得多。

无论你是定向传球还是控球式传球，都要考虑接球队友的情况并尽力帮他（她）接到你的传球。传球不仅要精准，速度也要适宜，如有可能最好是一脚传球。传球力道过重或过轻都会令你的队友处境艰难。

不要害怕传球的风险，只需关心你在场上的位置。一般来说，不要在本方防守三区冒险传球，因为没人希望在这个位置丢球。不过，随着球队不断地前压，场上形势便允许有更多的冒险行为。当你处在进攻三区时，就需要通过大胆的传球或射门来创造进球机会。

10

合理饮食

碳水化合物是身体的燃料。在赛前 1 小时吃一根香蕉能增加你体内的碳水化合物，让你更加充满活力。

15

协助持球队友

» 传球

　　球队控球时，协助持球队友是你要做的最重要的事情。教练可能会用"第一进攻人"来称呼带球球员，用"第二进攻人"来称呼距带球球员最近的球员，用"第三进攻人"来称呼球队的其他人。如果你在最佳的位置得到球，可以先带球然后传球。让我们看一下什么是最佳的协助位置。

　　最佳的协助位置是你能面向持球队友的位置，在这个位置上，队友很容易看见你并把球传给你。占据这样的位置并非易事，不过为持球队友提供协助是你的职

协助持球队友

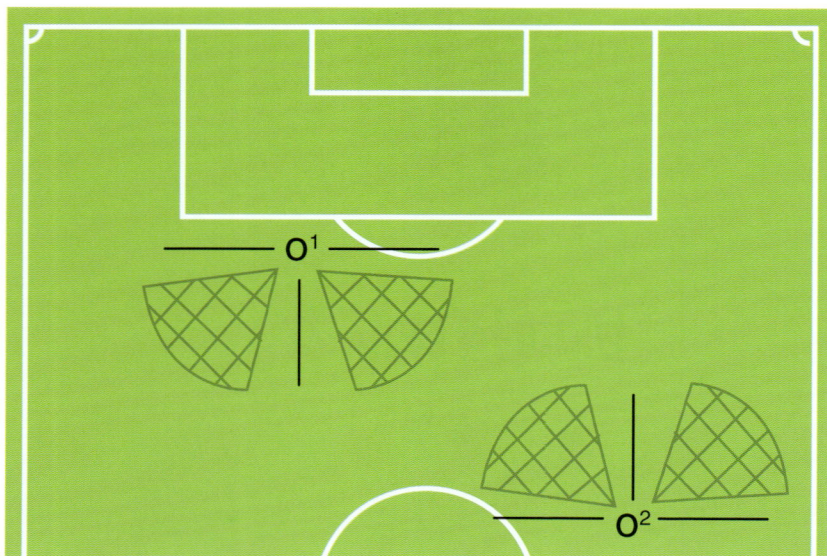

对于球员O¹，背对球门时，阴影部分是一个好的接球位置。对于球员O²，面对球门时，阴影部分是很好的接球位置。不要在水平或垂直线上接应球。

责。你在向队友要球时，如果他（她）看不见你，就只能猜你的位置。猜对了还好，没猜对你们就会失去球权。

当你想要球的时候，想想你会出现在哪里。你要寻求这样一个位置——在这个位置上，你与控球队友有一定的角度而不是成一条直线。如果你在控球队友正后方的直线上，对方防守球员无需横向移动就能封堵你们的进攻，而你要做的就是迫使对方防守队员尽可能多地移动。如果你与控球队友在横向上成一条直线，这种情况下的传球就会很危险，因为一旦球被抢断，球队只能转攻为守，而此时，你与队友都不在有利的防守位置。如果你在球的正前方接应控球队友，你接到球后可能会很麻烦，因为后场的队友与你在纵向上成一条直线向你传球时，对方防守球员很容易占据有利位置，把传球意图看得清清楚楚。

如果你占据了一个与控球队友成一定角度的位置，当队友传球给你时，你打开身体掩护球，这将让贴身逼抢的对手无计可施。随着比赛、练习的增多，你会发现与控球队友成一定角度的站位是你的最佳选择。

你还需要考虑你和控球队友之间的距离。如果离得太远，传球可能会被抢断；如果离得太近，你可能会吸引另一名防守球员，使控球队友更难传球。话说回来，当另一名防守球员靠近球时会形成一个新的空当。总之，没有严格意义上的对错之分。你不断地试错，尝试的方法越多，你就学得越快。

最后要考虑的是你能否到达最佳的协助位置。如果你离得太远，试着预测下一个传球，然后进入那个能为队友提供支持的位置。总之，你要一直先想一步。

训练目标

在即将到来的赛季，你有什么打算？确定一些你可以达到的目标，比如，"这个赛季，我要练习短传的精度，把失误减少到上个赛季的一半……"

16

帮助球队防守

» 防守

　　不管你在场上的位置是什么，你都应该在争夺球权的过程中发挥作用。即使不是离球最近的球员，你仍然可以帮助球队防守。离球最近的后卫经常被叫作"第一防守球员"，第一防守球员的任务是给拿球的进攻球员施压并阻断这次进攻。如果你发现自己靠近第一防守球员，你就是"第二防守球员"或者协防人员，你的任务是选取一个位置为第一防守球员提供保护。当你成长为一名成熟的球员时，你将学会如何与第一防守球员交流可以帮助球队赢回球权。

你的站位对帮助队友防守非常重要，要找一个离球合适的距离。你如果离球太近，会留下一个空当，假如你在与强队比赛，控球队员会很快发现这一点并将球传给他（她）刚进入空当的队友。不但如此，你还可能干扰第一防守人，任何沟通不畅都可能丢球。你如果离球太远，就不能给第一防守人提供支援，他（她）只能孤军奋战并可能在 1 对 1 的对抗中落败。

正确的位置在哪里？球和球员总是在移动，所以很难画出正确的位置示意图。你要知道自己在场上的职责，随着经验的积累，你总会找到合理的接应位置。

在第一防守人身后找好位置，身体进入防守状态，这样你会很容易注意到控球队员、参与防守的同伴以及对手试图进入的空当。然后靠近同伴，当他（她）试图铲球但未成功时，你就有足够近的距离去抢球。与此同时，你也要与球保持足够的距离，这样你就可以跑到可以拦截任何传球的位置，或者至少给对方控球队员施加压力。如果发生上述情况，你就成为第一防守人，这时你就懂得这个角色的职责了。

这听起来很复杂，不过你踢的比赛越多，你的进步就越大。要有耐心和实事求是的目标。你有很多时间学习踢足球，教练也会帮助你提高。当你观看足球比赛时，无论是在现场还是在电视上，你要时刻关注防守一方。试着指出谁是第一防守球员，谁是协防球员，观察他们是如何跑动的以及如何根据球的移动来调整自己的位置。

巨星

亚历克斯·摩根（Alex Morgan）

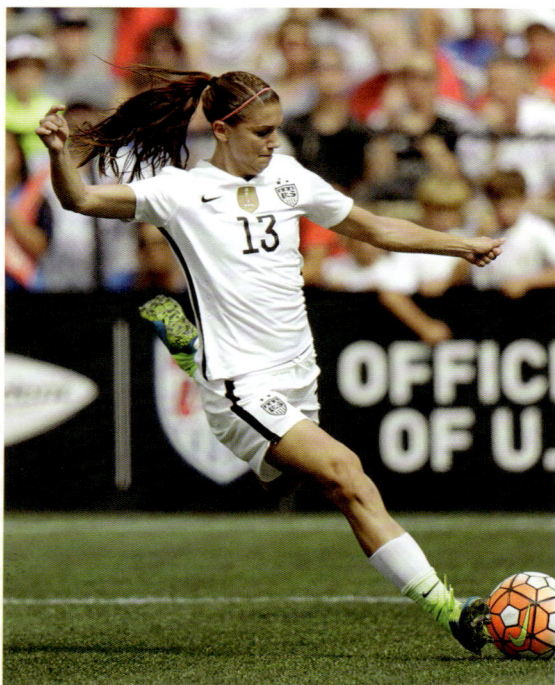

出生日期：1989 年 7 月 2 日

位置：前锋

球队：美国国家女子足球队；奥兰多荣耀队（Orlando Pride）、西部纽约闪光队、西雅图海湾人队（Seattle Sounders）、波特兰荆棘队。

亚历克斯·摩根是最年轻、最耀眼的足球巨星，她在小时候是多个项目的运动员，直到 14 岁才在俱乐部开始足球生涯。不到 3 年，她就入选了美国国家女子足球队，那时，她才 17 岁。

　　在加州大学伯克利分校，摩根为加州校队金熊队效力并打进惊人的 45 球。尽管她提前一年毕业，她仍然雄居金熊队射手榜第三位。摩根在为俱乐部效力期间，在 2011 年美国女子职业球员选秀中第一个被西部纽约闪光队选中。2012 年，她转会到西雅图海湾人队，后来又到波特兰荆棘队，并在 2015 赛季帮助球队赢得全美女子足球联赛冠军。

　　摩根最大的成就和贡献是帮助美国国家女子足球队达到巅峰时期。2012 年，她获得了奥运会金牌并被评为美国足球小姐。2015 年，尽管她刚从伤病中恢复回归，她还是帮助国家队获得了世界杯冠军。因此，在万巴赫（Abby Wambach）离开国家队后，摩根成了球队的核心之一。摩根有很快的速度和出色的运动天赋，这可能得益于她早年作为多个项目的运动员的经历。她的对手可能希望她选择其他运动，但她的确为所有足球迷做出了最好的选择。

17

理解后防线

» 防守

在比赛中，了解本方球队的后防线是有好处的，这些信息将帮助你成为一名出色的球员，因为你能补到队友缺失的位置或者帮助队友出现在正确的位置上。你若在后防线上踢球，则对你的身体和心理都是一种挑战，因为你必须在整场比赛中全神贯注地保护你的守门员。在本书中，我们将会讨论由四名后卫组成的后防线：两名中后卫、两名边后卫（一名在左，一名在右），左后卫在左路负责较宽的防守位置，右后卫在右路负责较宽的防守位置。

四后卫体系不会真正地覆盖整个球场的宽度。当你观看顶级球队的比赛时，你会看到后卫队员是作为一个整体移动并把球挡在防守线以外的。

你需要关注的是后防线如何整体移动才能覆盖尽可能多的场地。下面，我们就看一下，当球打到中场、左路、右路以及中路时，后卫应该在什么位置。

当对手在中圈附近拿球时，两名中后卫应该在离中场 10 ～ 12 码（9.15 ～ 10.97 米）的地方，就在球门位置的前方，离球大约 10 ～ 15 码（9.15 ～ 13.71 米）。两名边后卫应与两名中后卫位于同一水平线上，并与他们间隔 10 ～ 12 码（9.15 ～ 10.97 米）（见第 111 页插图①），这对四后卫保护球门和对对手的行动做出反应来说，是一个很好的初始位置。

当球攻到左路，四后卫应该横向移动到有威胁的区域。左后卫上前贴身逼抢，左中后卫在其身后 45°方向大约间隔 10 码（9.15 米）的位置。右中后卫与左中后卫保持在一条线上。然后，右后卫也到这条直线上，与右中后卫保持 10 码（9.15 米）左右的距离，在点球点和球门远端之间"锚"定后防线。（参见第 111 页的插图②）。这使得场上有很大的空当，但如果球在你的左侧，则此时你的右侧并没有实质性的威胁。如果球攻到右路，这与球攻到左路的情形正好相反，右后卫前出，左后卫兜底。（参见第112页的插图③）。

当球攻到本方大禁区附近时，本方的两名中后卫也须上前逼抢，两名边后卫则要后撤3～5码（2.74～4.57米）并进到大禁区3码（2.74米）左右（参见112页插图④）的位置。这样他们就可以护住后卫身后的区域并拦截任何中后卫漏过的球。

RB　CB　CB　LB

LB = 左后卫
CB = 中后卫
RB = 右后卫

球

球在中圈附近

RB　CB　CB

LB

球

LB = 左后卫
CB = 中后卫
RB = 右后卫

球在左路防守区域

球在右路防守区域

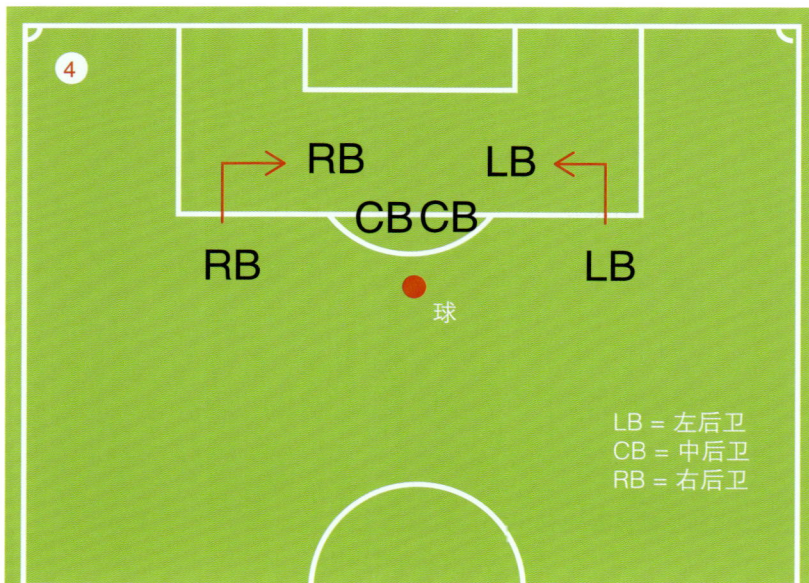

球在大禁区弧顶位置

18

传中

» **传球**

对于球员、教练和球迷来说，比赛中最令人兴奋的部分之一就是禁区内传中了，因为这创造了进球的良机。传中不仅仅是把球踢进禁区，而是更希望前锋可以破门得分。传中是一项很容易学会但又比较复杂的技能，它会让你成为一名更优秀的球员。

当你传中时，你有一个任务，就是把球传到可以帮球队得分的区域。最好将球传到小禁区和点球点之间，这个位置被称为"第二个小禁区"。如果你把球传进小禁区，球很有可能被守门员得到；如果传到点球点之外，

传中

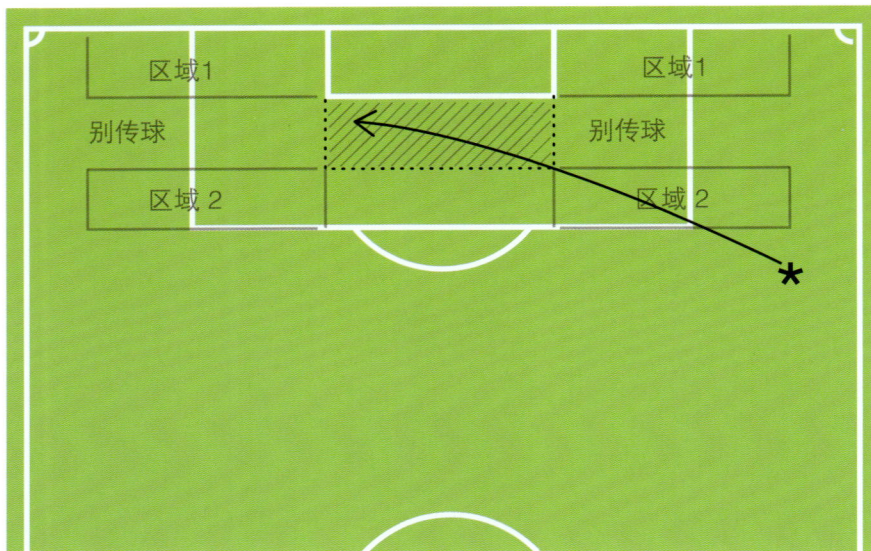

区域1		区域1
别传球		别传球
区域 2		区域 2

阴影区域就是"第二个小禁区"，也是传中的目标。

在区域1，回传传中。

在区域2，传中至"第二个小禁区"，但保持球在小禁区外的位置。如 ★ 所示。

队友射门就会很困难。

传中要把握好三点：（1）出脚要准，这样就可以把球传到你想传的地方；（2）传向"第二个小禁区"的角度要合适；（3）传中的高度要合适。

你不能从"第二个小禁区"的一侧将球传进"第二个小禁区"，要把球带进门线附近或者在到达"第二个小禁区"之前将球传进"第二个小禁区"。如果你的传中是直线，球会很容易被守门员没收或被后卫解围。

下面的小贴士可以帮你决定采取哪种传中方式：

●如果你跑向边线附近想传中地滚球，可以选择短距离传球（参见 16 页）。

●如果你在边线附近想传中空中球，可以挑球（参见 29 页）。

●如果你想将球传至"第二个小禁区"前并使球贴近地面，你可以用外脚背传内旋球（参见 26 页），这样可以在守门员面前的空间弧线传中。

●如果你想将球传至"第二个小禁区"前并让球在空中飞行，你可以将球挑进空当。

在学习传中时，你要找到很好的触球部位。抬起头来，选择合适的传中方式，然后精准触球。

训练

　　练习时，从离球门 25 码（22.86 米）、离边线 5 码（4.57 米）的地方开始向球门线带球。触球 2～3 次，然后将球传中至"第二个小禁区"。如果你有一些标志桶，可以用标志桶把这个空间标记出来，这样你就可以看到自己的进步了。把传中看作是从两翼传过来的球，有助于你专注于传中。你的任务就是将球传向"第二个小禁区"。前锋的任务是跑到那个空当并抢在后卫之前拿到球。从右路传 20 次球，之后在左路传 20 次球，这会帮助你提高两只脚的脚法。当你把这个练习练得得心应手的时候，试着加快速度并限制触球的次数。

19

防守传中球

» 防守

当你防守传中球时，首先要考虑的是当球进入大禁区时你身体的姿势。最好的姿势是背向球门，面向大禁区弧顶。如果你能让你的脚和身体远离自己的球门，这将有助于你避免将球弹向自家大门，这显然是你不想做的事情。让身体保持正确姿势的最好方法是你先于其他人预测危险。要做到这一点，你要选择一个能够让你看到以下三种情形的位置：（1）传中的球员；（2）你盯防的球员；（3）球的落点。

占据这个位置的最好方法是转动身体，使肩膀指向角旗。记住，持续跑动，并时刻抬头观察场上形势，你可以看到处于宽阔空间的球员，身前身后的空当以及进攻球员的进攻路线。当心传中的球员，当这名球员低头时，你就要准备解围了。如果你面对球，你就不会有把球打向自家球门或是给对方角球的危险。

如果你无法让身体朝向正确的方向，并且你正面向自家的球门，根据你在罚球区的位置，有一些技巧可以帮助你：

● **在近门柱外侧（比近门柱更靠近球的区域）：** 如果你发现自己处在近门柱外侧，试着在传中时解围并将球踢出去。如果你不能把球踢出后场，就把它破坏出边线，这样队友可以利用对手掷界外球的机会重新组织防守并盯紧对手。如果不能踢出边线，那就把球踢出底线，防守角球仍然会给你的球队重新组织防守的机会。尽管这不是一个很好的位置，但总比失球要好。

● **在远门柱外侧（比远门柱离球更远的区域）：** 如果你在远门柱外侧，解围时不要把球传回门前。试着让球按照自己的路线掠过球门，不再有威胁。如果你做不到这一点，你可以将球踢出边线。如果不能踢出边线，就踢出底线，这样对手就无法在远门柱获得打门机会。如果对方持球球员在这个区域没有接应球员，你可以解围让球出界或者控球，让球远离你的球门，并组织球队转守为攻。

● **在球门柱之间：** 如果你站在自家的球门前，面对球网，球飞来时要抢到第一落点，并将球尽可能踢向高空。这很可能会给对方制造一个角球，但此刻你处境很难，把球踢向高空是你唯一的选择。

诀窍

12

要有团队精神

比如，在比赛和训练时多带一瓶水给忘记带水的队友。不及时补水会影响队友在场上的发挥。

20

创造空间

» 传球 » 跑动 » 盘带

　　球场上有很多空当，但你越往前压（离对手球门越近）越难找到可以利用的空当，因为对手会回防并保护自己的球门。当你无法寻找到空间时，你应该创造空间。杰出的球员会为自己和队友创造空间，有时甚至不用移动。

　　你有很多方法去创造空间。在所有的行动中，重点是让对方防守球员离开自己的位置，这样他们就留下了你想要的空当。你可以通过以下方法去做到这一点：

●利用快速准确的传球让防守队员失去平衡，迷惑他们，这样你就可以在球场上拉开空当；

●不控球时，跑位到开阔空间；

●多些盘带，吸引对方防守队员离球更近；

●在防守球员前面带球，让他们对你的移动做出反应。

教练会带球员练习这些技巧，但这里有一些建议，可以让你走在队友前头。

你可以利用与队友在不同距离的一系列传球把对手引开。几次精确的短传会让对方离球更近，一次长传会让你有机会进入对方球员向球移动时留下的空间。一些触球通常为"一脚触球"，所以确保做好一脚触球的准备并考虑传球路线。如果你传球没有传到队友的脚下，他（她）可能无法一脚传球。如果传球的速度太快，队友可能需要额外的触球来控球，这反而对对方防守队员有利。

有时在对方防守队员面前做一个简单的移动就能够创造空间。如果对方防守队员跟着你，他的身后就会留出空当。如果对方防守队员没有跟着你，你可能正好在开阔空间里。在场上多跑动，你就能创造出想要的空间。

有时候，你可以通过控球为自己和队友创造空间。你控球时间一长，对方防守球员就会向你靠近。你要随时观察场上形势，确保不会丢球。当对方防守队员逼近时，你可以带球到他们离开所留下的空当或者传给处在空当中的队友。要有信心尝试做不同的事情，创造力是一项伟大的技能！

在单个防守球员面前控球或者带球跑进空当会为场上的其他队友创造空间。如果没有对方球员上来逼抢，你就继续带球前进。如果一个防守球员向你靠近，先抬头观察一下，然后传球给空当中的队友或者在 1 对 1 的情况下过掉对方防守队员。

正如你看到的，有很多方法可以为自己和你的队友创造空间。创造空间的关键是你在有球时和无球时的跑动。

21

突破对手防线

» 传球 » 跑动

学会突破对手防线的技能，会让你变得更加出色。在每一场比赛中，每支球队都有一个阵型来打比赛。阵型有很多种，你可能都熟悉。阵型经常用数字来描述，比如，4-3-3 是指 4 名后卫，3 名中场和 3 名前锋的阵型；4-4-2 是指 4 名后卫，4 名中场和双前锋的阵型；3-5-2 是 3 名后卫，5 名中场和双前锋的阵型；3-4-3 是 3 名后卫，4 名中场和 3 名前锋的阵型。

足球运动员要根据上述阵型进行站位。因此，后防线由 3 个人或 4 个人组成，锋线由 2 个人或 3 个人

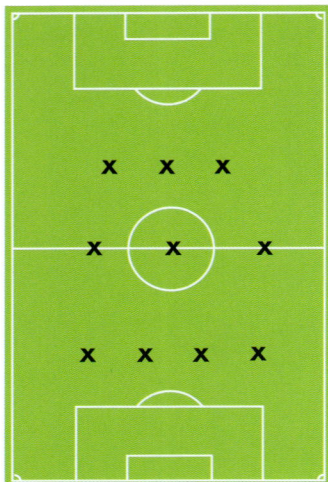

4-3-3

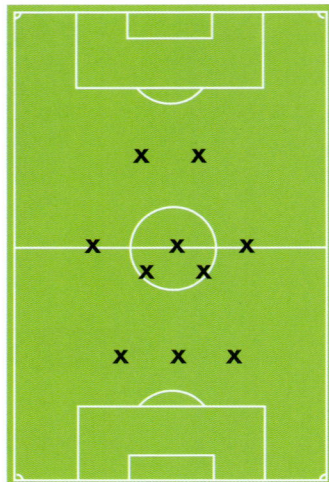

3-5-2

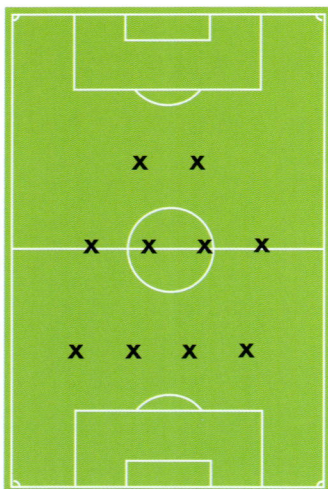

4-4-2

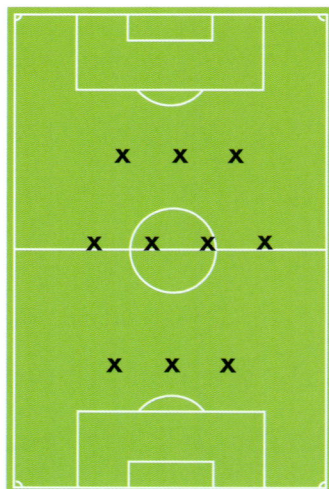

3-4-3

组成，中场有时由2个人、3个人、4个人，有时甚至由5个人组成。而对手组成的阵型则是你们要去打破的。

假设球员之间有看不见的线相连（如第126页图所示），你的任务就是突破这些线，你可以用以下方法来完成任务：

●**通过传球突破对方防线**：如果你能够通过传球突破对方的前卫线，你就能控制中场。你可以突破对方的中场区域并继续前压到对方后场。你到达对方后场后，目的就是用一个传球撕开对手的后防线，让队友前插到对手身后，这样就能创造进球的机会。

●**通过带球跑突破对方防线**：这是防守球员也要学习的一项技能。当你通过带球跑突破对方的锋线时，你的球队就相当于多了一名中场球员。踢好球的关键是让更多的球员围着球，而不是围着对手。带球跑突破对方防线会让其他防守队员离你更近，可以为队友创造空间。这对对手来说是非常致命的！

●**通过无球跑动突破对手防线**：在对方两名球员之间做无球跑动，创造空当去接球。当你通过无球跑动突破对方的后防线时，一定要注意不要越位，否则你就不能接球。

1 球员O^1传球给球员O^2突破2名防守球员。

2 球员O^3带球突破，过掉2名防守球员。

3 球员O^4跑动选位接球员O^5传来的球突破对手的防线。

中场有更多的防线要去突破，因此，你可以在突破防线以转换比赛节奏，或者仅仅是控球。当你要通过跑动突破防线，你要知道去哪里以及为什么去。没有目的的跑动对球队没有意义。计划好跑位的目的、路线，就可以策应队友了。如果你掌握了通过传球、无球跑动和带球突破对手防线的技能，你将成为一名更加出色的足球运动员。

策略

22

占据三角区域

» 传球

　　另一个突破对方防线的技能是占据三角区域。比赛中，你的任务是在对方球队的后防线、中场线和前锋线之间找到一个有利位置以接队友的传球。

　　你接球时如果离对方后卫或者中场球员太近，队友传球的意图会很容易被对方识破，你会被对方盯死，离你最近的防守球员会给你施压。寻找对手防线之间的空当，可以给你的对手制造麻烦。举个例子，如果你能在对方中后卫与15码（13.72米）开外的中场球员之间找到空当，对方中场球员就不得不回撤盯防，

球员 O^1、球员 O^2、球员 O^3 均处在对方3名防守球员的中间。

这样一来对方就在中场留出了空当。甚至更好的情况是，对方中后卫也不得不来盯防你，这就在对方的后防线上就有了空当，球队破门得分的机会就来了。

所有球员在场上不会沿着直线在前后场移动，因此你也可以在对方中场球员之间和后防球员之间找到空当。这些空当很好找，因为对方球员可能不确定谁该盯防你。当你得球后，如果有两名对方球员上前盯防，你要尽快将球传出，因为两名防守球员身后留下了足够可用的空当。如果没人上来盯防你，你就可以一直控球，这对球队来说也很不错。

如何发现对方防线中的空当？答案是保持三角队形。当你观察对方球员的位置时，找一个由对方三名球员组成的小组，想象他们之间各有连线并构成一个三角形。如果你找到了这样的三角形空间，进到其中，不要出来。通过占据这个空间，你一个人至少可以吸引两名对方队员，有时是三名。这对球队大有好处，对控球队友传球也很有帮助。

如果你发现了这样的三角空间并进到其中，当你接到球或者做好接球准备时，你还要看看你可以传球的空当在哪里。不要在这个空间呆太长时间，否则这个三角空间会越来越小，因为对手肯定要做出反应。如果你在这个空间内待了几秒并没有拿到球，或者这个空间开始收缩，你就要寻找下一个三角空间并进到其中。要持续跑动并寻找球前区域和球后区域附近的三角空间，因为有时队友的进攻受阻，球无法向前移动，控球的队友需要接应。

诀窍

13

赛前补水

为打好比赛，要在赛前 4 个小时补充水分。白水固然不错，但是含有碳水化合物的运动饮料更好。

克里斯蒂亚诺·罗纳尔多

（Cristiano Ronaldo）

出生日期： 1985 年 2 月 5 日

位置： 前锋

效力过的球队 *：皇家马德里队、葡萄牙国家队（Portugal National Team）

＊译者注：C 罗效力的球队还有里斯本竞技队（Sporting Lisbon）、曼彻斯特联队、尤文图斯队（Juventus Football Club）

克里斯蒂亚诺·罗纳尔多不是足球世界的第一个"罗纳尔多"。第一个罗纳尔多为巴西效力并两次获得世界杯冠军。不过今天，当我们再听到罗纳尔多的名字时，我们想到的只有这位杰出的葡萄牙前锋。

C 罗的足球生涯是从葡萄牙当地的一家俱乐部——国民队(Nacional) 开始的，他的足球天赋很快被葡萄牙顶级俱乐部里斯本竞技队发现。在里斯本竞技队打了 25 场比赛之后，他转会到英超劲旅曼彻斯特联队，在这里，他赢得了包括 2008 年冠军联赛在内的各种荣誉，并成就了自己的巨星地位。2009 年，他转会到皇家马德里队，创造了新的转会费纪录，成为在那之前的足球史上身价最高的球员。在皇家马德里队，C 罗继续提高自己，并帮助球队夺得西甲联赛冠军和欧洲联赛冠军。

C 罗代表葡萄牙国家队出场 100 多次，参加了 3 届世界杯和 3 届欧洲冠军杯的比赛*，是葡萄牙历史上最好的射手。

C 罗有很好的速度和力量。他非常努力地训练自己的肌肉力量，这使得对手在与他 1 对 1 时占不到任何便宜。很多时候，他的速度和力量让对手望尘莫及，他就像风一样从他们身边掠过。即使对手想尽招数让他慢下来，他也会用他娴熟的技巧和闪电般的速度从人群中突围。在比赛中，他经常吸引 2 名及 2 名以上的对手防守他，但几乎不可阻挡。

和所有其他伟大球员一样，C 罗将大量的时间用于训练，不断提高自己的技能。他以惊世骇俗的电梯球而闻名，这也是他勤加练习的结果。

　　*译者注：在翻译本书时，C 罗已经参加了 4 届世界杯，连续 6 个赛季都是欧冠联赛的最佳射手，获得了 5 次金球奖。

23

1 对 1 的时候做什么

» 带球跑

在你可以学习和提高的最有价值的技能中，有一项是在 1 对 1 对抗的情况下突破对手。世界上最伟大的球员，像里奥·梅西、克里斯蒂亚诺·罗纳尔多和亚历克斯·摩根都能在大多数 1 对 1 的情况下突破对手。

在 1 对 1 的情况下，最重要的一点就是要自信。如果你没有过掉对手，最坏的结果无非就是本队丢失球权。在接下来的拼抢当中，对手会将球权还回来的，所以不要担心丢球。想想怎么过掉对手并为球队创造机会吧。如果你不与他（她）较量，怎么能赢他（她）？况且在 1 对 1 的对抗中，没有永远的赢家，所以放手一搏吧！

在 1 对 1 中的对抗中有两种方式可以突破对手：如果有空间，利用速度；如果没有空间，利用技巧。

当我们谈论速度时，我们会想到纯粹的跑动速度或者思考速度，也就是比对手更快地做出反应。要想以速度取胜，首先要找到或者创造一个空间以便进入其中接球。跑动时应该与球保持一定的距离，这会帮你创造空间，并且当对手做出反应时，你会吸引一名防守球员靠近，这样他（她）就被队友孤立了。

一旦你找到了空当而且对手被孤立，你应该开始观察你要跑去的空当，也就是防守球员身后的空当。当你接球时，先用脚拨一下，再将球推过对手，然后跑进空当。使身体处于球和对手之间，用身体作为盾牌阻止对手拿球。一旦球掠过对手，你要确保先触到球，这样你才是在对抗中获胜了。

在你没有空间可以利用的时候，就要用脚法来过掉对手并设法让其失去平衡。尽可能多地练习你最喜欢的动作，并练习一个备用的假动作，让对手摸不透你的真实意图。记住，自信是成功的关键，你越是敢于较量，就越有可能战胜对手。

抬起头来，确保你可以看到球和你所面对的防守球员。确保你的身体是打开的，这样你就可以用合理的姿势接球。第一次触球后要使脚与球保持一定的距离，这样你会有移动的空间并用假动作战胜对手。膝关节微屈，这样你就会很容易地从一侧跑到另一侧，以身体做盾牌，使球处于你和对手之间。

诀窍

14

比赛期间补水

确保在比赛中可以补水。一般每 15 分钟饮水 6 ～ 12 盎司（170 ～ 340 克）以保持水分。记住，在瓶子上写下自己的名字。

24

夺回球权

» 防守

当球队失去球权时，当务之急就是尽快地夺回球权。通常情况下，那些不是后卫或防守型中场的球员不会认识到在球队失去球权时应该顺势做出什么样的改变。失去球权，球队将会面临很大压力，所有球员不得不回防以保球门不失。在今天的足球比赛中，球员不仅要考虑自己在球队中的位置，还要考虑球队在控球或不控球时的角色。如果球队丧失球权，教练当然希望你尽一切可能把球反抢回来。

作为防守球员，你要学习很多技能，比如下面几种：

●**防守背对你的球员**。要做的第一件事是进到进攻球员身后、你能看到球的空间。如果你不能看到球，你只能猜，你的猜测可能是错的。防守球员不能靠猜来判断球在哪里，必须要明确知道球在哪里。降低重心，便于对控球队员的跑动做出反应，不要把重心放在一只脚上，那样你会失去平衡。如果你把重心放在右脚上，你就很难向右移动。要避免接触控球球员，如果你碰到了控球球员，他（她）会知道你在哪里并且会做出更好的决策。更好的做法是让他（她）来猜你的位置，让他（她）寻找你，让他（她）的视线离开球。你要在这个位置停留并拖延对手。不要让对手转身，如果对手拿球超过 3 ~ 4 秒，你就有可能从队友那里获得帮助。

●**中场拉开的进攻**。你要关注的是能否在一次铲球中赢得球权。铲晚了，你会犯规，而且可能吃到黄牌或红牌，这对球队无益。如果你无法铲球，就要摆出防守的姿势，肩膀面向控球球员，膝关节弯曲，这可以保持身体平衡。在中场区域的进攻，总会有队友靠近支援你，所以不要因为草率而失误，要有耐心。教练一般将这种情形称为"潜水"。如果有可能，眼睛要盯着球，并阻止控球球员向前。如果控球球员向前推球，你就会有机会在这名球员和球之间卡位而赢得球权。

● **在边路进行 1 对 1 对抗**。你的主要任务是拖延控球球员带球而不被突破。注意脚的位置，肩膀面向控球球员。要占据主动，迫使控球球员到你想让他（她）去的地方。两脚分立，眼睛看球，如果对手要做假动作，不要管他，你只对球做出反应。

策略

25

后防线整体移动

» 防守

正如你前面学过的，四后卫的防守区域要覆盖左右两条边线。了解每个人在场上的分工也很必要，这样你就可以给他们提供帮助。作为球员，你的技术越全面，你在教练眼中和在球队中就越重要。当然，你可能会犯错，但你需在比赛中成长，在失误中学习。

现在我们来看看四后卫是如何作为一个整体在场上前压和后撤的。一般来说，四后卫是在禁区和中线之间整体移动。如果不是迫不得已，他们不会回到禁区防守，因为他们回到禁区防守会让守门员很难看到球。

如果可能的话，他们要守住禁区边线。当球队进攻时，四后卫应该成一条线并随球队整体前压，直到中线。边后卫，甚至一名中后卫可能会参与进攻，当球队进攻时，中线就是四后卫的大本营。

如果你打的是后卫，你应该不断寻找提示你前压、后撤、占领空间的线索。比如，如果中场球员或者前锋给对方控球球员施压，四后卫就可以在中场球员后 10 码（9.15 米）的距离跟上，挤压并占据对手的空间。如果球队继续挤压对方的后防线，四后卫可以在保持对对方控球队员施压的情况下向前移动至中线。

如果对手摆脱了压力并且控球队员有时间观察场上情况并传球时，四后卫就应当做好整体回防的准备了。仔细观察控球队员的一举一动，看看是否有机可乘。如果对手髋部打开，试图做一个长传到四后卫身后的空间，后卫就要立即回防到球门，率先占据有利位置。重要的是，四后卫要集体行动，整体防守。如果你发现对手有长传的迹象，退回去并重新组织防守。这种战术要比在球过顶后追着对手跑要容易得多。

如果对方控球队员摆脱防守并带球奔袭，四后卫应开始回撤并占据身后的空间。在这种情况下，如果对方控球队员没受到威胁，四后卫只能退到这里。一般来说，他们会退守至禁区边缘，不会再往后了。如果对方控球队员停止前进并转身，后卫应当上前逼抢，转守为攻。

诀窍

15

保持耐心

记住，你是在学习比赛，并且让四后卫变得稳固和强壮也需要时间。要有耐心，在失误中学习，跟随教练的指示进步。

26

形成进攻三角

» 跑位 » 射门

要完成传中打门，有三件事需要注意：抢到一个能得分的位置争夺第一落点、打门。

有三个区域是教练想让你去的，有些教练称之为"进攻三角"（见第 144 页插图）。这些区域是近门柱、远门柱和球门区的中间位置。无论你想进入哪一个区域，重要的是不能直接进入或以同样的速度跑动，否则就很容易被对方防守球员盯死。在跑动的后半段突然加速，这样可以摆脱对方防守球员。如果你跑得太快，你就会过早到达目标位置，或者在减速时被对方后卫盯

形成进攻三角后传中射门

X¹ 传中
X² 到近门柱
X³ 到远门柱
X⁴ 到达三角区，位于 X² 和 X³ 后面的中间位置

住。试试斜线跑动，这样你就可以看见传中的队友了，这意味着你明白他（她）的暗示并知道球什么时候传出。你也可以改变跑动的角度和方向，迷惑对手并使其失去平衡，然后趁机摆脱纠缠。发挥你的创造力吧！

　　如果你跑向近门柱，你要试着跑到防守球员的外围，这意味着你比防守球员离球更近，这会帮助你第一时间拿到球。同样重要的是，保持在球门区的跑动，伺机打门。如果你超出了小禁区边线，接球后你还要有转身的动作，这时再打门就很难了。把事情简单化，给自己创造最好的得分机会。

如果你跑向远门柱，试着插入对方后防线，寻找一个与远门柱成一条直线或刚好在远门柱外的位置。尝试待在小禁区边缘和球门之间。当你到达目标位置时，确保你与近门柱的队友不在同一水平线，这样会增加你得球的机会。如果你们在同一条线上，球越过了防守球员，同样也会越过你！

不管是跑向近门柱还是跑向远门柱，你都要尽量待在"第二个小禁区"，因为守门员很有可能到小禁区活动，冲撞守门员可是犯规的。

如果你进到球门中心区，试着在点球点与近门柱球员、远门柱球员后方找一个位置，这样队友在传中时就会多一种选择。你在这样的区域，也可以防止对手抢到第一落点。如果你在这样的位置，那就接球打门吧。

难度等级

做好得分准备

» 传球 » 射门

进入"进攻三角"后，你需要知道下一步该干什么。当传中球传到球门区时，抢下第一落点是非常重要的。在近门柱区域，如果球从右路传来，你就用右脚接球。如果你让球越过你的身体，就给防守队员更多的时间去断球。如果球从左路传来，你就用左脚接球，这样你抢下第一落点的机会就更多。

在远门柱区域，调整身体姿势，脚尖着地，准备接球。你比近门柱的球员有更多的时间做好准备，所以要好好利用。调整呼吸并放松，如果球向你飞来，你要做好下一个动作的准备。如果你身体僵硬、紧张，你就不能很自然、协调地接球。

在中间区域，调整位置并面向球门。在这个区域，你可能需要处理被队友触碰变线的球或者破坏对方防守队员的解围。在这里，你需要时刻准备应对任何情况。

最后一个难题是射门并让守门员做出扑救动作。在近门柱区域，你要试着让球偏向球门，而不是直接穿过球门。你要利用传中球的速度并使球改变方向，让球飞向球门。有时用脚尖触球就可以，但最好用脚内侧触球。你射门后如果球反弹变线，守门员可能找不到球在哪里，就更难做出扑救。如果球从你身旁飞过，你可以做好迎接下一次射门机会的准备，因为球仍然在危险区域。

在后门柱，你要用脚内侧将球传向球门，这样你就有更好的机会精准射门。通常把球推向球门远角，因为守门员需要改变方向才能做出扑救，这样一来你的射门更难以阻挡。在这个位置的触球要好，如有可能，可在第一时间射门。如果你认为你有时间，可以调整好球后再把它打进球门。

在中路，如果球直接飞向你，你的重点是做好射门的准备，以及阻断对方防守球员的解围然后射门。与在远门柱一样，到达你的位置，面向球门，放松，准备射门。如果你能够在第一时间抽射，这是最好的选择。如果不能，集中精力稳住球，做好准备后再射门。

球并不总是飞向你，所以你要不断跑动换位，这样当球到你脚下时，你就可以破门得分了。

诀窍

16

帮助教练干活

训练结束后，你要主动承担起收拾器材的工作，这样让教练也能按时回家。

致家长

谢谢你选择本书。作为家长，你要帮助孩子提高他们的足球水平，在这项运动中出类拔萃，并且享受这项运动。家长在孩子成功的道路上起着非常重要的作用，所以要永远做正能量的家长。

什么是成功

在职业足球比赛中，"成功"的定义很容易，就是看谁赢了。我们甚至不关心他们是怎么赢的。或许这支球队刚刚赢了一场你看过的最烂的比赛，他们3次射中了横梁和门柱，3次射门被吹无效，但是最终比分才最重要。但在青少年足球中，定义成功就比较难。

如果比分是定义青少年足球成功的决定性因素，那么有一半的球员和教练都会失败；如果用结果来定义成功，那么每个级别的赛事中每年只会有一个队是成功的，其他球队都是失败的。很显然，用比分或结果去定义青少年足球成功与否是不明智的。

有些问题你需要思考：

● 你的孩子玩得开心吗？他们脸上有笑容吗？

● 你的孩子是否尊重比赛的规则，并且明白胜利或失败是比赛的一部分？

● 你的孩子是否保持了体型，是否保持了健康？

● 你的孩子是否通过足球结交了新的朋友，扩大了他（她）的社交网络？

● 你的孩子是否学到了新的技能？

● 你的孩子是否有在下赛季踢球的打算？

如果回答"是"，你的孩子便是成功的。

鼓励孩子练习

作家马尔科姆·格拉德韦尔在他的《异类：不一样的成功启示录》(*Outliers:The Story of Success*)中指出，10000 小时是神奇的数字，人们可以通过 10000 小时的训练到达专家的水准，这也是我们所熟知的"一万小时定律"。但是现在它的争议越来越大，尤其是在体育界。现在所公认的是，训练的质量才是最重要的。

如果你想最大程度地挖掘孩子的天赋和潜力，你要鼓励他（她）一有时间就练习。孩子们可以独立练习书中介绍的技巧和策略，给他们自主开发身体潜能的空间。

每周 3 次、每次 20 分钟左右的训练，能让他们的技能突飞猛进，并让他们变得更优秀。努力也是成功的关键因素，天才也是要建立在努力和投入的基础上的。在体育界或娱乐圈里，有才华的专业人士比平庸的同行有更强的职业操守、刻苦练习的态度和更长的训练时间。而且，这种行为准则也可以融入学业中。

你扮演的角色

如果你看过孩子比赛，你可能见过一些"疯狂的足球家长"在场边跑来跑去，大声地给孩子们建议，指责裁判，质疑教练，批评球员，让孩子们很难堪。

家长在球场上对孩子大声吼叫，就像是在初三数学课上老师站在学生的身后对他（她）喊："先做除法，再做减法，不要相加！"足球比赛就是训练的延伸，孩子们只有多在失误中学习才能进步更快。

你要做的是帮助孩子提高，而不是拔苗助长。所有的孩子都有自身的学习节奏，他们都会在合适的时间脱颖而出。集体项目的优点之一就是孩子能在运动中建立长远的友谊，而"疯狂的足球家长"无疑会毁了这些孩子的友谊。由于家长带来的压力和包袱，学员被青少年队裁掉的例子不胜枚举。

记住，这是他们的队伍、他们的经历。我们应表现得像个观众一样支持孩子，欣赏他们的比赛。

在比赛中

对于足球运动员来说，没有什么能比听到别人对球队和对自己加油更开心的事情了。当你看孩子们比赛时，请尽情地为他们加油，鼓励他们而不是给他们提建议。足球比赛没有暂停，当裁判鸣哨后教练也爱莫能助。教练希望他（她）的球员根据自己所观察到的情形和对足球的理解做出合适的决策。球员年龄越小，他们就越难做出决定。有时，孩子们会感到困惑，有些家长或教练认为这是一个"帮助"孩子并把指令喊出来的机会。

就在家长或教练把指令喊出来的时候，球场上的形势已经发生了变化。足球场上瞬息万变，孩子们如果仅仅按照家长的指令行动，他们或许会认为输球与他们无关。这对他们的长远发展不利，因为他们会习惯于去等待指令，而不是学会自主决策。最后，你要为孩子的表现和对球队的贡献向他们表示祝贺。

展现关怀

孩子比赛结束后，在回家的路上，如果你想谈谈这场比赛，你应该怎样开始？你该说什么？

作为家长，你应该说："我喜欢看你踢球。"比分和球队表现其实真的并不重要，重要的是你能和孩子共度一段美好时光。

这里有几个问题，可以作为你与孩子谈话的开场白：

● 你觉得比赛踢得怎么样？

● 中场休息时你在想什么？比赛的最后几分钟你在想什么？（如果这是一场紧张激烈的比赛）

● 你认为球队里谁发挥得最好？

● 你认为你在比赛中哪个方面发挥得最好？

● 赛后教练说了些什么？

● 球队会怎样去准备下场比赛？

● 你的球队在下场比赛会踢得更好吗？

比起赛后批评球员、批评裁判和批评教练，这是你与孩子更好的谈话方式。记住要赞美对手，这样他们就知道尊重对手也很重要。

对于球员来说，还有一个重要的技能就是自我反思。让孩子参与这些讨论可以帮他们建立批判性思维，对他们在其他领域也很有帮助。

致　谢

致我最好的球队、我的后援团队和我的家人：乔安妮（Joanne）、霍普（Hope）、奥利（Ollie）、杰克（Jack）和劳伦斯（Lawrence）。家庭不是一切，但它是唯一的。

本书献给与我共事过的每一位教练和球员。你们让我成为了一名优秀的教练，我对此心存感激。篇幅所限，请原谅我不能一一列举你们的名字。

许多年前，一位伟大的教练——罗伊·里斯（Roy Rees）在我的脑海里点亮了一盏灯，它至今还亮着。

谢谢你，罗伊！

这些诀窍你都找了吗？